〔元〕脱脱 等撰

點校本
二十四史
修訂本

遼史

第三册
卷四五至卷六二

中華書局

2016 年 4 月第 1 版　　2023 年 11 月第 4 次印刷

ISBN 978-7-101-11607-6

遼史卷四十五

志第十五

百官志一

官生於職，職沿於事，而名加之。後世沿名，不究其實。吏部一太宰也，爲大司徒，爲尚書，爲中書，爲門下。兵部一司馬也，爲大司馬，爲太尉，爲樞密使。沿古官名，分今之職事以配之，於是先王統理天下之法，如治絲而棼，名實淆矣。

契丹舊俗，事簡職專，官制朴實，不以名亂之，其興也勃焉。太祖神册六年，詔正班爵。至于太宗，兼制中國，官分南、北，以國制治契丹，以漢制待漢人。國制簡朴，漢制則沿名之風固存也。遼國官制，分北、南院。北面治宮帳、部族、屬國之政，南面治漢人州縣、租賦、軍馬之事。因俗而治，得其宜矣。

北面

初，太祖分迭剌夷离堇爲北、南二大王，謂之北、南院。宰相、樞密、宣徽、林牙，下至郎君、護衞，皆分北、南，其實所治皆北面之事。語遼官制者不可不辨。

北面朝官〔一〕

凡遼朝官，北樞密視兵部，南樞密視吏部，北、南二王視户部，夷离畢視刑部，宣徽視工部，敵烈麻都視禮部，北、南府宰相總之。惕隱治宗族，林牙修文告，于越坐而論議以象公師。朝廷之上，事簡職專，此遼所以興也。

契丹北樞密院。掌兵機、武銓、羣牧之政，凡契丹軍馬皆屬焉。以其牙帳居大内帳殿之北，故名北院。元好問所謂「北衙不理民」是也。

北院樞密使。

知北院樞密使事。

知樞密院事〔三〕。

北院樞密副使。

知北院樞密副使事。

同知北院樞密使事。

簽書北樞密院事。

北院都承旨。

北院副承旨。

北院林牙。

知北院貼黃。

給事北院知聖旨頭子事。

掌北院頭子。

北樞密院敞史。

北院郎君。

北樞密院通事。

北院掾史。

北樞密院中丞司。

北南樞密院點檢中丞司事。

總知中丞司事。

北院左中丞。

北院右中丞。

同知中丞司事。

北院侍御。

契丹南樞密院〔三〕。掌文銓、部族、丁賦之政，凡契丹人民皆屬焉。以其牙帳居大内之南，故名南院。元好問所謂「南衙不主兵」是也。

南院樞密使。

知南院樞密使事。

知南院樞密事。

南院樞密副使。

知南院樞密副使事。

同知南院樞密使事。

簽書南樞密院事。

南院都承旨。

南院副承旨。

南院林牙。

知南院帖黄。

給事南院知聖旨頭子事〔四〕。

掌南院頭子。

南樞密院敞史。

南院郎君。

南樞密院通事。

南院掾史。

南樞密院中丞司。

北南樞密院點檢中丞司事。

總知中丞司事。

南院左中丞。

南院右中丞。

同知中丞司事。

南院侍御。

北宰相府。掌佐理軍國之大政，皇族四帳世預其選。

北府左宰相。

北府右宰相。

總知軍國事。

知國事。

南宰相府。掌佐理軍國之大政，國舅五帳世預其選〔五〕。

南府左宰相。

南府右宰相。

總知軍國事。

知國事。

北大王院。分掌部族軍民之政。

北院大王。初名迭剌部夷離菫，太祖分北、南院，太宗會同元年改夷離菫爲大王。

知北院大王事。

北院太師。

北院太保。

北院司徒。

北院司空。

北院郎君。

北院都統軍司。掌北院從軍之政令。

北院統軍使。

北院副統軍使。

北院統軍都監。

北院詳穩司。掌北院部族軍馬之政令。

北院詳穩。
北院都監。
北院將軍。
北院小將軍。
北院都部署司。掌北院部族軍民之事。
北院都部署。
北院副部署。

南大王院。分掌部族軍民之政。
南院大王〔六〕。
知南院大王事。
南院太師。
南院太保。天慶八年，省南院太保。
南院司徒。
南院司空。

南院郎君。

南院都統軍司。掌南院從軍之政令。

南院統軍使。

南院副統軍使。

南院統軍都監。

南院詳穩司。掌南院部族軍馬之政令。

南院詳穩。

南院都監。

南院將軍。

南院小將軍。

南院都部署司。掌南院部族軍民之事。

南院都部署。

南院副部署。

宣徽北院。太宗會同元年置，掌北院御前祗應之事。

北院宣徽使。
知北院宣徽事。
北院宣徽副使。
同知北院宣徽事。

宣徽南院。會同元年置，掌南院御前祗應之事。
南院宣徽使。
知南院宣徽事。
南院宣徽副使。
同知南院宣徽事。

大于越府。無職掌，班百僚之上，非有大功德者不授，遼國尊官，猶南面之有三公。太祖以遙輦氏于越受禪。終遼之世，以于越得重名者三人：耶律曷魯、屋質、仁先，謂之三于越。
大于越。

大惕隱司〔七〕。太祖置，掌皇族之政教。興宗重熙二十一年，耶律義先拜惕隱〔八〕，戒族人曰：「國家三父房最爲貴族，凡天下風化之所自出，不孝不義，雖小不可爲。」其妻晉國長公主之女，每見中表，必具禮服。義先以身率先，國族化之。遼國設官之實，於此可見。太祖有國，首設此官，其後百官擇人，必先宗姓。

惕隱。亦曰梯里已。

知惕隱司事。

惕隱都監。

夷离畢院。掌刑獄。

夷离畢。

左夷离畢。

右夷离畢。

知左夷离畢事。

知右夷离畢事。

敞史。
選底。掌獄。

大林牙院。掌文翰之事。
北面都林牙。
北面林牙承旨。
北面林牙。
左林牙。
右林牙。

敵烈麻都司。掌禮儀。
敵烈麻都。
總知朝廷禮儀。
總禮儀事。

文班司。所掌未詳。

文班太保。

文班林牙。

文班牙署。

文班吏。

阿札割只。所掌未詳。遥輦故官，後併樞密院。

阿札割只。

北面御帳官

三皇聖人也，當淳朴之世，重門擊柝，猶嚴於待暴客。遼之先世，未有城郭、溝池、宫室之固，氈車爲營，硬寨爲宫，御帳之官不得不謹。出於貴戚爲侍衛，著帳爲近侍，北南部族爲護衛，武臣爲宿衛，親軍爲禁衛，百官番宿爲宿直。奉宸以司供御，三班以肅會朝，硬寨以嚴晨夜。法制可謂嚴密矣。考其凡如左。

侍衞司。掌御帳親衞之事。

侍衞太師。

侍衞太保。

侍衞司徒。

侍衞司空。

侍衞。

近侍局。

近侍直長。

近侍。

近侍小底。

近侍詳穩司。

近侍詳穩。

近侍都監。

近侍將軍。

近侍小將軍。

北護衞府。掌北院護衞之事。皇太后宮有左右護衞。

北護衞太師。

北護衞太保。

北護衞司徒。

總領左右護衞司。

總領左右護衞。

左護衞司。

左護衞太保。

左護衞。

右護衞司。

右護衞太保。

右護衞。

南護衞府。掌南院護衞之事。

南護衞太師。

南護衛太保。
南護衛司徒。
總領左右護衛司。
總領左右護衛。
左護衛司。
左護衛太保。
左護衛。
右護衛司。
右護衛太保。
右護衛。
奉宸司。掌供奉宸御之事。
官名未詳。
奉宸。
三班院。掌左、右、寄班之事。
左班都知。

右班都知。

寄班都知。

三班院祗候。

宿衞司。專掌宿衞之事。

總宿衞事。亦曰典宿衞事。

總知宿衞事。

同掌宿衞事。

宿衞官。

禁衞局。

總禁衞事。

禁衞長。

宿直司。掌輪直官員宿直之事。皇太后宮有宿直官。

宿直詳穩。

宿直都監。

宿直將軍。

宿直小將軍。

宿直官。

宿直護衞。

硬寨司。掌禁圍槍寨、下鋪、傳鈴之事。

硬寨太保。

皇太子惕隱司。掌皇太子宫帳之事。

皇太子惕隱〔九〕。

北面著帳官

古者刑人不在君側。叛逆家屬没爲著帳，執事禁衞，可爲寒心。此遼世所以多變起肘掖歟。

著帳郎君院。遥輦痕德堇可汗以蒲古只等三族害于越室魯，家屬没入瓦里。應天皇太后知國政，析出之，以爲著帳郎君、娘子，每加矜恤。世宗悉免之。其後內族、外戚及世官之家犯罪者〔一〇〕，皆没入瓦里。人户益衆，因復故名。皇太后、皇太妃帳，皆有著帳諸局。

著帳郎君節度使。

著帳郎君司徒。

祗候郎君班詳穩司。

祗候郎君班詳穩。

祗候郎君直長。

祗候郎君閘撒狘。

祗候郎君。

祗候郎君拽剌。

左祗候郎君班詳穩司。

左祗候郎君班詳穩。

左祗候郎君直長。

左祗候郎君閘撒狘。

左祗候郎君。

左祗候郎君拽剌。

右祗候郎君班詳穩司。

右祗候郎君班詳穩。

右祗候郎君直長。

右祗候郎君閘撒狘。

右祗候郎君。

右祗候郎君拽剌。

筆硯局。

筆硯祗候郎君。

筆硯吏。

牌印局。

牌印郎君。

裀褥局。

裀褥郎君。

燈燭局。

燈燭郎君。

牀幔局。

牀幔郎君。

殿幄局。

殿幄郎君。

車輿局。

車輿郎君。

御盞局。

御盞郎君。

本班局。

本班郎君。

皇太后祗應司。

領皇太后諸局事。

知皇太后宮諸司事。

皇太妃祇應司。

皇后祇應司。

近位祇應司。

皇太子祇應司。

親王祇應司。

著帳户司。本諸斡魯朵户析出，及諸色人犯罪没入。凡御帳、皇太后、皇太妃、皇后〔二〕、皇太子、近位、親王祗從、伶官，皆充其役。

著帳節度使。

著帳殿中。

承應小底局。

筆硯小底。

寢殿小底。

佛殿小底。
司藏小底。
習馬小底。
鷹坊小底。
湯藥小底。
尚飲小底。
盥漱小底。
尚膳小底。
尚衣小底。
裁造小底。

北面皇族帳官

肅祖長子洽昚之族在五院司，叔子葛剌、季子洽禮及懿祖仲子帖剌、季子褭古直之族皆在六院司。此五房者，謂之二院皇族。玄祖伯子麻魯無後，次子巖木之後曰孟父房，叔子釋魯曰仲父房，季子爲德祖。德祖之元子是爲太祖天皇帝，謂之横帳；次曰剌葛，曰迭剌，曰寅底石，曰安端，曰蘇，皆曰季父房。此一帳三房，謂之四帳皇族。二院治之以北、南二王，四帳治之以大内惕隱，皆統於大惕隱司。

大内惕隱司。掌皇族四帳之政教。

大内惕隱。

知大内惕隱事。

大内惕隱都監。

大横帳常袞司。掌太祖皇帝後九帳皇族之事。

横帳常袞。亦曰横帳敞穩。

横帳太師。

横帳太保。

横帳司空。

横帳郎君。

横帳知事。

孟父族帳常衮司。掌蜀國王巖木房族之事。
仲父族帳常衮司。掌隋國王釋魯房族之事。
季父族帳常衮司。掌德祖皇帝三房族之事。

四帳都詳穩司。掌四帳軍馬之事。
都詳穩。
都監。
將軍。本名敞史。
小將軍。
橫帳詳穩司。
孟父帳詳穩司。
仲父帳詳穩司。
季父帳詳穩司。

舍利司。掌皇族之軍政。

舍利詳穩。
舍利都監。
舍利將軍。
舍利小將軍。
舍利。
梅里。

親王國。官制未詳。
王府近侍。
王府祗候。

大東丹國中臺省。太祖天顯元年置，乾亨四年聖宗省〔三〕。
左大相。
右大相。
左次相。

右次相。

王子院。掌王子各帳之事。

王子太師。

王子太保。

王子司徒。

王子司空。

王子班郎君。

駙馬都尉府。掌公主帳宅之事。

駙馬都尉。

北面諸帳官

遼太祖有帝王之度者三：代遥輦氏，尊九帳於御營之上，一也；滅渤海國，存其族帳，亞於遥輦，二也；併奚王之衆，撫其帳部，擬於國族〔一三〕，三也。有英雄之智者三：任國舅以耦皇族，崇乙室以抗奚王，列二院以制遥輦是已。觀北面諸帳官，可以見之矣。

遥輦九帳大常衮司。掌遥輦洼可汗、阻午可汗、胡剌可汗、蘇可汗、鮮質可汗、昭古可汗、耶瀾可汗、巴剌可汗、痕德菫可汗九世宫分之事。太祖受位于遥輦，以九帳居皇族一帳之上，設常衮司以奉之，有司不與焉。凡遼十二宫、五京，皆太祖以來征討所得，非受之於遥輦也。其待先世之厚，蔑以加矣。遼俗東嚮而尚左，御帳東嚮，遥輦九帳南嚮，皇族三父帳北嚮。東西爲經，南北爲緯，故謂御營爲横帳云。

大常衮。亦曰敞穩。

遥輦太師。

遥輦太保。

遥輦太尉。

遥輦司徒。

遥輦司空。

遥輦侍中。一作世燭。太宗會同元年置。

敞史。

知事。

遥輦帳節度使司。

節度使。

節度副使。

遥輦糺詳穩司。

遥輦糺詳穩。

遥輦糺都監。

遥輦糺將軍。

遥輦糺小將軍。

遥輦剋。官名未詳。

大國舅司。掌國舅乙室已、拔里二帳之事。太宗天顯十年，合皇太后二帳爲國舅司；聖宗開泰三年，又併乙室已、拔里二司爲一帳。

乙室已國舅大翁帳常衮。一作敞穩。

乙室已國舅小翁帳常衮。

拔里國舅大父帳常衮。

拔里國舅少父帳常衮。

國舅太師。

國舅太保。

國舅太尉。

國舅司徒。

國舅司空。

　敞史。太宗會同元年，改郎君爲敞史。

　知事。

國舅乙室已大翁帳詳穩司。

國舅詳穩。

國舅都監。

國舅本族將軍。

國舅本族小將軍。興宗重熙五年，樞密院奏，國舅乙室已小翁帳敞史，准大横帳消國舅二父帳，改爲將軍。

國舅乙室已小翁帳詳穩司。
國舅拔里大父帳詳穩司。
國舅拔里少父帳詳穩司。
國舅夷离畢司。
國舅夷离畢。
國舅左夷离畢。
國舅右夷离畢。
敞史。
國舅帳剋。
國舅別部。世宗置。
官制未詳。
國舅別部敞史。聖宗太平八年，見國舅別部敞史蕭塔葛〔一四〕。
渤海帳司。官制未詳。

渤海宰相。

渤海太保。

渤海撻馬。

渤海近侍詳穩司。

奚王府。

乙室王府。並見部族官。

北面宫官

遼建諸宫斡魯朶，部族、蕃户，統以北面宫官。具如左。

諸行宫都部署院。總契丹漢人諸行宫之事。

諸行宫都部署。

知行宫諸部署司事。

諸行宫副部署。

諸行宮判官。

契丹行宮都部署司。總行在行軍諸斡魯朵之政令。

契丹行宮都部署。

知契丹行宮都部署事。

契丹行宮副部署。

契丹行宮判官。

行宮諸部署司。掌行在諸宮之政令。

行宮都部署。

行宮副部署。

行宮部署判官。

十二宮職名總目：

某宮。

某宫使。
某宫副使。
某宫太師。
某宫太保。
某宫侍中。太宗會同元年置，亦曰世燭。
某宫都部署司。掌本宫契丹軍民之事。
某宫都部署。
某宫副部署。
某宫判官。
某宫提轄司。官制未詳。
某宫馬羣司。
侍中。
敞史。
某石烈。石烈，縣也。
夷离堇。本名彌里馬特本，改辛衮〔一五〕，會同元年升。

麻普。本名達剌干，會同元年改。

牙書。會同元年置。

某瓦里。內族、外戚、世官犯罪，没入瓦里。

抹鶻。

某抹里。

閘撒狘。

某得里。官名未詳。

太祖弘義宮。

太宗永興宮。

世宗積慶宮。

應天皇太后長寧宮。

穆宗延昌宮。

景宗彰愍宮。

承天皇太后崇德宮。

聖宗興聖宮。

興宗延慶宮。

道宗太和宮。

天祚永昌宮。

孝文皇太弟敦睦宮。

文忠王府。

已上十二宮一府，部署、提轄、石烈、瓦里、抹里、得里等〔一六〕，並見營衛志。

押行宮輜重夷离畢司。掌諸宮巡幸扈從輜重之事。

夷离畢。

敞史。

校勘記

〔一〕「北面」及「北面朝官」　此二目原闕。按諸本卷首目録均有「北面」，卷四七百官志三有「南面」、「南面朝官」之目，又卷四六百官志二云：「南王府。見北面朝官。」道光殿本於「契丹北樞密院」之上增此二目。按「初，太祖分迭剌夷离菫爲北、南二大王」至「語遼官制者不可不辨」專論北面官，當即北面門序；又「凡遼朝官」至「此遼所以興也」專論北面朝官，當即北面朝官序。今參南面、南面朝官門目例酌加改置。

〔二〕知北院樞密使事知樞密院事　本書卷二三道宗紀三大康二年六月丁未，「參知政事楊遵勗知南院樞密使事」，卷一〇五楊遵勗傳則稱「徙知樞密院事」。又卷二四道宗紀四大安二年六月丁亥有「知樞密院事耶律斡特剌」，卷二五道宗紀五大安十年四月庚戌作「知北院樞密使事」。又卷二三道宗紀三大康三年五月乙亥有「知北院樞密使事蕭速撒」，卷六二刑法志下則作「知樞密院事」。據此，「知樞密院事」即「知樞密使事」，此係重出。下文「知南院樞密使事」及「知南院樞密事」同。

〔三〕契丹南樞密院　疑即本書卷四七百官志三南面官之「漢人樞密院」，蓋係重出。

〔四〕給事南院知聖旨頭子事　「子」，原作一字空格，據明鈔本、南監本、北監本、殿本補。

〔五〕「北宰相府掌佐理軍國之大政皇族四帳世預其選」及「南宰相府掌佐理軍國之大政國舅五帳世預其選」　此處疑爲互舛。按本書紀傳及遼代石刻所見，北府宰相多出國舅五帳，南府宰相多出皇族四帳。

〔六〕南院大王　「院」，原作「而」，明鈔本、南監本、北監本、殿本作「面」，均誤。今據上下文改。

〔七〕大惕隱司　據本書卷六四皇子表，神册三年安端爲惕隱，卷一太祖紀上神册三年正月丙申作「大内惕隱」。又本書所見「惕隱」，石刻中多作「大内惕隱」。如下文惕隱耶律義先，耶律仁先墓誌亦作「大內惕隱」。「惕隱」疑即「大內惕隱」簡稱。下文北面皇族帳官有大內惕隱司，此「大惕隱司」疑係重出。

〔八〕興宗重熙二十一年耶律義先拜惕隱　「二十一」，原作「二十二」，據本書卷二〇興宗紀三重熙二十一年十二月、卷九〇耶律義先傳改。

〔九〕「皇太子惕隱司」及「皇太子惕隱」　本書僅此一見。按卷四太宗紀下會同二年二月戊寅，「宴諸王及節度使來賀受册禮者，仍命皇太子、惕隱迪輦餞之」。此「皇太子」即李胡，「惕隱迪輦」當爲耶律洼或耶律屋質。蓋史臣誤以「皇太子惕隱」連讀，以迪輦爲皇太子惕隱，因立「皇太子惕隱司」一目。

〔一〇〕其後內族外戚及世官之家犯罪者　「犯罪者」，原作「罪犯者」，據本書卷三一營衛志上著帳郎君條及文義改。

〔一一〕皇后　「后」，原作「太」，據明鈔本、南監本、北監本、殿本改。

〔一二〕乾亨四年聖宗省　「四年」，原作「元年」。按本書卷一〇聖宗紀一乾亨四年九月，聖宗即位，十二月，「省置中臺省官」。今據改。又聖宗紀統和二年及十六年仍見「中臺省」，則乾亨四年唯省置官員，非罷廢中臺省。

〔一三〕擬於國族　「擬」，原作「撫」，據明鈔本、南監本、北監本、殿本改。

〔一四〕聖宗太平八年見國舅別部敞史蕭塔葛　「舅別部」三字原闕，據上文補。按本書卷九〇蕭塔剌葛傳云:「世宗即位,以舅氏故,補國舅別部敞史。」此言「聖宗太平八年」,去世宗即位已八十餘年,或爲另一人。

〔一五〕夷离菫本名彌里馬特本改辛袞　本書卷四六百官志二大部族條謂「彌里,鄉也」,設官「辛袞」,「本曰馬特本」。則石烈夷离菫與彌里馬特本無涉。

〔一六〕得里等　「里」字原闕,據上文補。

遼史卷四十六

志第十六

百官志二

北面部族官

部族，詳見營衛志。設官之制具如左。

部族職名總目：

大部族。

某部大王。本名夷离菫。

某部左宰相。

某部右宰相。
某部太師。
某部太保。
某部太尉。
某部司徒。本名惕隱。
某部節度使司。
某部節度使。
某部節度副使。
某部節度判官。
某部族詳穩司。
某部族詳穩。
某部族都監。
某部族將軍。
某部族小將軍。
某石烈。

某石烈夷离堇。
某石烈麻普。亦曰馬步，本名石烈達剌干。
某石烈牙書。
某彌里。彌里，鄉也。
辛袞。本曰馬特本。
小部族。
某部族司徒府。
某部族司徒。
某部族司空。
某部族節度使司。
某部族詳穩司。
某石烈。
令穩。
麻普。
牙書。

某彌里。

辛袞。

五院部。有知五院事，在朝曰北大王院。

六院部。有知六院事，在朝曰南大王院。

乙室部。在朝曰乙室王府。有乙室府迪骨里節度使司。

奚六部。在朝曰奚王府。有二常袞，有二宰相，又有吐里太尉，有奚六部漢軍詳穩，有奚拽剌詳穩，有先離撻覽官。

已上四大王府，爲大部族。

品部。

楮特部。

烏隗部。

突吕不部。

突舉部。

涅剌部。

遥里部。

伯德部。

墮瑰部。

楚里部。

奥里部。

南剋部。

北剋部〔二〕。

突吕不室韋部。

涅剌拏古部。

迭剌迭達部。

乙室奥隗部。

楮特奥隗部。

品達魯虢部。

烏古涅剌部。

圖魯部。
撒里葛部。
窈爪部。
耨盌爪部。
訛僕括部。
特里特勉部。
稍瓦部。
曷朮部。
隗衍突厥部。
奥衍突厥部。
涅剌越兀部。
奥衍女直部。
乙典女直部。
斡突盌烏古部。
迭魯敵烈部。

大黃室韋部。

小黃室韋部〔三〕。二黃室韋闥林，改爲僕射。

朮哲達魯虢部。

梅古悉部。

頡的部。

匿訖唐古部。

北唐古部。

南唐古部。

鶴剌唐古部。

河西部。

北敵烈部。

薛特部。

伯斯鼻骨部。

達馬鼻骨部。

五國部。

已上四十九節度〔三〕，爲小部族。

北面坊場局冶牧厩等官

遼始祖涅里究心農工之事，太祖尤拳拳焉，畜牧畋漁固俗尚也。坊場牧厩，設官如左。

諸坊職名總目：

某坊使。

某坊副使。

某坊詳穩司。

某坊詳穩。

某坊都監。

鷹坊。

鐵坊。

五坊。未詳〔四〕。

八坊。内有軍器坊，餘未詳。

已上坊官。

圍場。

圍場都太師。

圍場都管。

圍場使。

圍場副使。

已上場官。

局官職名總目：

某局使。

某局副使。

客省局。

器物局。

太醫局。
醫獸局。有四局都林牙。
已上局官。

五冶。未詳。
太師〔五〕。
已上冶官。

羣牧職名總目：
某路羣牧使司。
某羣太保。
某羣侍中。
某羣敞史。
總典羣牧使司。
總典羣牧部籍使。

羣牧都林牙。

某羣牧司。

羣牧使。

羣牧副使。

西路羣牧使司。

倒塌嶺西路羣牧使司〔六〕。

渾河北馬羣司。

漠南馬羣司。

漠北滑水馬羣司。

牛羣司。

已上羣牧官。

尚廄。

尚廄使。

尚廄副使。

飛龍院。

飛龍使。

飛龍副使。

總領内外廄馬司。

總領内外廄馬。

已上諸廄官。

監鳥獸詳穩司職名總目：

監某鳥獸詳穩。

監某鳥獸都監。

監某鳥。

監某獸。

監鹿詳穩司。

監雉。

已上監養鳥獸官。

北面軍官

遼宮帳、部族、京州、屬國，各自爲軍，體統相承，分數秩然。雄長二百餘年，凡以此也。考其可知者如左。

天下兵馬大元帥府。太子、親王總軍政。

天下兵馬大元帥。

副元帥。

大元帥府。大臣總軍馬之政。

大元帥。

副元帥。

都元帥府。大將總軍馬之事。

兵馬都元帥。

副元帥。

同知元帥府事。

便宜從事府。亦曰便宜行事。

便宜從事〔七〕。

大詳穩司。

大詳穩。

都監。

將軍。

小將軍。

軍校。

隊帥。

東都省。分掌軍馬之政。

東都省太師。

西都省。分掌軍馬之政。

西都省太師。

大將軍府。各統所治軍之政令。

大將軍。

上將軍。

將軍。

小將軍。

護軍司。

護軍司徒。

衞軍司。

衞軍司徒。

諸路兵馬統署司。

諸路兵馬都統署。

諸路兵馬副統署。

左皮室詳穩司。

右皮室詳穩司。

北皮室詳穩司。

南皮室詳穩司〔八〕。太宗選天下精甲三十萬爲皮室軍。初，太祖以行營爲宮，選諸部豪健千餘人，置爲腹心部〔九〕，耶律老古以功爲右皮室詳穩。則皮室軍自太祖時已有，即腹心部是也。太宗增多至三十萬耳。

黄皮室軍詳穩司。黄皮室，屬國名。

屬珊軍詳穩司。應天皇太后置，軍二十萬〔一〇〕。選蕃漢精兵，珍美如珊瑚，故名。

舍利軍詳穩司。統皇族之從軍者，橫帳、三父房屬焉。

北王府舍利軍詳穩司。五院皇族屬焉。

南王府舍利軍詳穩司。六院皇族屬焉。
禁軍都詳穩司。掌禁衛諸軍之事。
各部族舍利司。掌各部族子弟之軍政。
郎君軍詳穩司。掌著帳郎君之軍事。
拽剌軍詳穩司。走卒謂之拽剌。
旗鼓拽剌詳穩司。掌旗鼓之事。
千拽剌詳穩司。
猛拽剌詳穩司。
墨离軍詳穩司。
礮手軍詳穩司〔一二〕。掌飛礮之事。
弩手軍詳穩司。掌强弩之事。
鐵林軍詳穩司。
大鷹軍詳穩司。
鷹軍詳穩司。
鶻軍詳穩司。大、小鶻軍，即二室韋軍號。

鳳軍詳穩司。

龍軍詳穩司。

飛龍軍詳穩司。

虎軍詳穩司。

熊軍詳穩司。

左鐵鷂子軍詳穩司。

右鐵鷂子軍詳穩司。

龍衛軍詳穩司。

威勝軍詳穩司〔一二〕。

天雲軍詳穩司。

特滿軍詳穩司。

敵烈軍詳穩司。

敵烈皮室詳穩司。

肴里奚軍詳穩司〔一三〕。

涅哥奚軍詳穩司。

渤海軍詳穩司。

女古烈詳穩司。

奚王南剋軍詳穩司。　諸帳並有剋官爲長，餘同詳穩司。

奚王北剋軍詳穩司。

國舅帳剋軍。

三剋軍。

頻必剋軍。

九剋軍。

十二行糺軍。　諸糺並有司徒，餘同詳穩司。

各宮分糺軍。

遥輦糺軍。

各部族糺軍。

羣牧二糺軍。

怨軍八營都詳穩司。天祚天慶六年，命秦晉王淳募遼東飢民，得二萬餘人，謂之怨軍。及淳僭位，改號常勝軍。

前宜營。八營皆以所募州名爲號。

後宜營。

前錦營。

後錦營。

乾營。

顯營。

乾顯大營。

巖州營。

北面邊防官

遼境東接高麗，南與梁、唐、晉、漢、周、宋六代爲勍敵，北鄰阻卜、朮不姑〔二四〕，大國以十數；西制西夏、党項、吐渾、回鶻等，强國以百數。居四戰之區，虎踞其間，莫敢與攖，制之有術故爾。觀於邊防之官，太祖、太宗之雄圖見矣。

諸軍都虞候司。

都虞候。

奚王府。見部族官。

大惕隱司。見帳官。

大國舅司。

大常衮司。

五院司。見部族官。

六院司。

沓温司。未詳。

已上上京路諸司，控制諸奚。

諸部署職名總目：

某兵馬都部署。

某兵馬副部署。

某兵馬都監。

某都部署判官。

諸指揮使職名總目：

某軍都指揮使。

某軍副指揮使。

某軍都監。

諸統軍使職名總目：

有都統軍使、副使、都監等官。

東京兵馬都部署司。

契丹、奚、漢、渤海四軍都指揮使司。

契丹奚軍都指揮使司〔一五〕。

奚軍都指揮使司。

漢軍都指揮使司。

渤海軍都指揮使司。

東京都統軍使司。

東京都詳穩司。

保州都統軍司。

湯河詳穩司。亦曰南女直湯河司。

杓窊司。未詳〔一六〕。

金吾營。屬南面。

銅州北兵馬指揮使司。

涑州南兵馬指揮使司〔一七〕。

已上遼陽路諸司，控扼高麗。

黃龍府兵馬都部署司。一作都監署司。

黃龍府鐵驪軍詳穩司。

咸州兵馬詳穩司。有知咸州路兵馬事、同知咸州路兵馬事、咸州糺將。

東北路都統軍使司。有掌法官，道宗大安六年置。

已上長春路諸司，控制東北諸國。

南京都元帥府。本南京兵馬都總管府，興宗重熙四年改。有都元帥、大元帥。

南京兵馬都總管府。屬南面。有兵馬都總管，有總領南面邊事，有總領南面軍務，有總南面戍兵等官。

南京馬步軍都指揮使司。屬南面。

侍衛控鶴都指揮使司。屬南面。

燕京禁軍詳穩司。

南京都統軍司。又名燕京統軍司。聖宗統和十二年復置南京統軍都監。

牛欄都統領司。

都統領。

副統領。

距馬河戍長司。聖宗開泰七年，沿距馬河宋界東西七百餘里，特置戍長一員巡察〔一八〕。

戍長。

監軍寨統領司。

石門統領司。

南皮室軍詳穩司。

北皮室軍詳穩司。

猛拽剌詳穩司。

管押平州甲馬司。

管押平州甲馬。

已上南京諸司，並隸元帥府，備禦宋國。

西南面安撫使司。

西南面安撫使。

西南面都招討司。太祖神册元年置。亦曰西南路招討司。

西南面招討使。

西南邊大詳穩司。

西南路詳穩司。

西南面五押招討司。

五押招討大將軍。

西南路巡察司。又有西南巡邊官。

西南路巡察將軍。

西南面巡檢司。

西南面巡檢。

西南面同巡檢。

西南面拽剌詳穩司。

山北路都部署司。又有知山北道邊境事官。

金肅軍都部署司。

南王府。見北面朝官。

北王府。

乙室王府。

山金司。一作山陰司。置在金山之北。

已上西京諸司，控制西夏。

西北路招討使司。有知西路招討事〔二九〕，有監軍。

西北路管押詳穩司。

西北路總領司。有總領西北路軍事官。

領西北路十二班軍使司。

契丹軍詳穩司。

吐渾軍詳穩司。

述律軍詳穩司。

禁軍詳穩司。

奚王府舍利軍詳穩司。

大室韋軍詳穩司。

小室韋軍詳穩司。

北王府軍詳穩司。

特滿軍詳穩司。

羣牧軍詳穩司。

宮分軍詳穩司。

西北路金吾軍。屬南面。

西北路兵馬都部署司。

西北路阻卜都部署司。

西北路統軍司。

西北路戍長司。

西北路禁軍都統司。

西北部鎮撫司。兼掌西北諸部軍民。有鎮撫西北部事官。

西北路巡檢司。

黑水河提轄司。在中京黔州置。

已上西北路諸司，控制諸國。

東北路兵馬詳穩司。亦曰東北面詳穩司。

東北路監軍馬司。有東北路監軍馬使，有管押東北路軍馬事官。

東北路女直詳穩司。

北女直兵馬司。在東京遼州置。

已上東北路諸司。

東路兵馬都總管府。有東路兵馬都總管，有同知東路兵馬事官。

東路都統軍使司。

遙里等十軍都詳穩司。

遙里軍諸詳穩司。未詳。

九水諸夷安撫使。

已上東路諸司。

西南面節制司。有節制西南諸軍事。

西南面都統軍司。

已上西南邊諸司。

山西兵馬都統軍司。

西路招討使司。

西邊大詳穩司。

四蕃都軍所。聖宗統和四年置,授李繼沖。

夏州管内蕃落使。聖宗統和四年置,授李繼遷。

倒塌嶺節度使司。

倒塌嶺統軍司。

塌西節度使司。

塌母城節度使司。

已上西路諸司。

北面行軍官

遼行軍官,樞密、都統、部署之司,上下相維,先鋒、兩翼嚴重,中軍於遠探偵候爲尤謹,臨陣委重於監戰。司存有常,秩然整暇,所以爲制勝之道也。

行樞密院。有左、右林牙,有參謀。

行軍都統所。有監軍,有行軍諸部都監,有監戰。

行軍都統。

行軍副都統。

行軍都監。

行軍都押司。有都押官、副押官。

行軍都部署司。

先鋒使司。

先鋒都統所。

左翼軍都統所。

右翼軍都統所。

中軍都統所。

御營都統所。

遠探軍。有小校，有拽剌。

候騎。有偵候，有候人，有拽剌。

東征行樞密院。

東征都統所。亦曰東面行軍都統所，又曰東路行軍都統所。

東征統軍司。

東征先鋒使司。

西征統軍司。

南征都統所。亦曰南面行軍都統所。

南征統軍司。

南面行營總管府。

南面行營都部署司。

河南道行軍都統所。

北道行軍都統所。

東北面行軍都統所。

西北面行軍都統所。

西南面行軍都統所。

北面屬國官

遼制，屬國、屬部官，大者擬王封，小者准部使。命其酋長與契丹人區别而用，恩威兼制，得柔遠之道。考其可知者具如左。

屬國職名總目：

某國大王。

某國于越。

某國左相。

某國右相。

某國惕隱。亦曰司徒。

某國太師。

某國太保。

某國司空。本名闥林〔三〇〕。

某國某部節度使司。

某國某部節度使。

某國某部節度副使。

某國詳穩司。

某國詳穩。

某國都監。

某國將軍。

某國小將軍。

大部職名：

並同屬國。

諸部職名：

並同部族。

女直國順化王府。景宗保寧九年，女直國來請宰相、夷离堇之職，以次授者二十一人。聖宗統和八年，封女直阿海爲順化王，亦作阿改。天祚天慶二年有順國女直阿鶻產大王。

北女直國大王府。

南女直國大王府。

曷蘇館路女直國大王府。亦曰合蘇衮部女直王，又曰合素女直王，又曰蘇館都大王〔三二〕。

聖宗太平六年，曷蘇館諸部許建旗鼓。

長白山女直國大王府。聖宗統和三十年，長白山三十部女直乞授爵秩。

鴨渌江女直大王府。

瀕海女直國大王府。

阻卜國大王府。

阻卜扎剌部節度使司。

阻卜諸部節度使司。聖宗統和二十九年置。

阻卜别部節度使司。

西阻卜國大王府。

北阻卜國大王府。

西北阻卜國大王府。

乞粟河國大王府。

城屈里國大王府。

朮不姑國大王府。亦曰述不姑。又有直不姑。

阿薩蘭回鶻大王府。亦曰阿思懶王府。

回鶻國單于府。興宗重熙二十二年，詔回鶻部副使以契丹人充。

沙州回鶻燉煌郡王府〔三三〕。

甘州回鶻大王府。

高昌國大王府。

党項國大王府。

西夏國西平王府。

高麗國王府。

新羅國王府。

日本國王府。

吐谷渾國王府。

吐渾國王府。

轄戛斯國王府。

室韋國王府。

黑車子室韋國王府。

鐵驪國王府。
鞊鞨國王府。
沙陀國王府。
濊貊國王府。
突厥國王府。
西突厥國王府。
斡朗改國王府。
迪烈德國王府。亦曰敵烈，亦曰迭烈德。
于厥國王府。
越離覩國王府。亦曰斡離都。
阿里國王府。
襖里國王府。
朱灰國王府。
烏孫國王府。
于闐國王府。

獅子國王府。

大食國王府。

西蕃國王府。

大蕃國王府。

小蕃國王府。

吐蕃國王府。

阿撒里國王府。

波剌國王府。

惕德國王府〔二三〕。

仙門國王府〔二四〕。

鐵不得國王府〔二五〕。

鼻國德國王府〔二六〕。

轄剌國只國王府。

賃烈國王府。

獲里國王府。

怕里國王府。

嘌温國王府。

阿鉢頗得國王府。

阿鉢押國王府。

紇没里國王府〔三七〕。

要里國王府。

徒覩古國王府。亦曰徒魯古。

素撒國王府。

夷都衮國王府。

婆都魯國王府。

霸斯黑國王府。

達離諫國王府。

達盧古國王府。

三河國王府。

覈列哿國王府。

述律子國王府。

殊保國王府。

蒲昵國王府。

烏里國王府。

已上諸國。

蒲盧毛朵部大王府。

回跋部大王府。

嵓母部大王府。

黄龍府女直部大王府。道宗大康八年，賜官及印。

吾秃婉部大王府。

烏隈于厥部大王府。

婆離八部大王府。

于厥里部族大王府。太宗會同三年，賜旗鼓。

已上大部。

生女直部。
直不姑部。
狐山部。
拔思母部。
茶扎剌部〔三八〕。
粘八葛部。
耶覩刮部。
耶迷只部。
撻朮不姑部。
渤海部。
西北渤海部。
達里得部。亦曰達離底。
烏古部。
隈烏古部。

三河烏古部。

烏隈烏骨里部〔二九〕。

敵烈部〔三〇〕。

迪离畢部。

涅剌部。

烏濊部。　已上三部，隸夫人婆底里東北路管押司〔三一〕。

鉏德部。

諦居部。　亦曰諦舉部。

涅剌奧隗部。

八石烈敵烈部〔三二〕。

迭剌葛部。

兀惹部。　亦曰烏惹部。

党項部。

隗衍党項部。

山南党項部。

北大濃兀部。

南大濃兀部。

九石烈部。

嗢娘改部。

鼻骨德部。

退欲德部〔三三〕。

涅古部。

遥思拈部〔三四〕。

劃離部。聖宗統和元年，劃離部請今後詳穩於當部人内選授〔三五〕，不許。

四部族部。

四蕃部。

三國部。

素昆那山東部。

胡母思山部。

盧不姑部。

照姑部。

白可久部〔三六〕。

俞魯古部。

七火室韋部。

黄皮室韋部。

瑶穩部。

嘲穩部。

二女古部。

蔑思乃部。

麻達里别古部〔三七〕。

梅里急部。

斡魯部。

榆里底乃部。

率類部。

五部蕃部。

蒲奴里部。

鬧古胡里扒部。

已上諸部。

校勘記

〔一〕遥里部伯德部墮瑰部楚里部奥里部南剋部北剋部　本書卷三三營衛志下謂奚「初爲五部：曰遥里，曰伯德，曰奥里，曰梅只，曰楚里」；「天贊二年，置墮瑰部，遂號六部奚」；「聖宗合奥里、梅只、墮瑰三部爲一，特置二剋部以足六部之數」。按此處二剋部與墮瑰部並見，欠妥。

〔二〕大黄室韋部小黄室韋部　本書卷三三營衛志下云：「突吕不室韋部。本名大、小二黄室韋户。太祖爲達馬狘沙里，以計降之，乃置爲二部。（中略）涅剌拏古部。與突吕不室韋部同。」則大、小黄室韋或即上文突吕不室韋、涅剌拏古二部之重出。

〔三〕已上四十九節度　按自品部至五國部共五十部。突吕不室韋部、涅剌拏古部與大、小二黄室韋部或係重出，又奚六部列爲七部，則計爲四十七部。

〔四〕「鷹坊」及「五坊未詳」　本書卷一八興宗紀一太平十一年十一月壬辰，「縱五坊鷹鶻」；重熙七年二月壬午，「幸五坊閲鷹鶻」。又卷三二營衛志中，「五坊擎進海東青鶻，拜授皇帝放之」。知五坊掌鷹鶻等。按新唐書卷四七百官志二，「閑厩使押五坊，以供時狩：一曰雕坊，二曰鶻坊，三曰鷂坊，四曰鷹坊，五曰狗坊」。遼五坊當承自唐，鷹坊即其一。

〔五〕五冶未詳太師　據本書卷六〇食貨志下，遼有銅、鐵、金、銀諸冶，五冶疑掌五金衙司。又同卷云：「太宗置五冶太師，以總四方之鐵錢。」則五冶太師職掌鑄幣。

〔六〕倒塌嶺西路羣牧使司　本書卷二五道宗紀五大安十年七月，「阻卜等寇倒塌嶺，盡掠西路羣牧馬去」。卷七〇屬國表作「阻卜來寇倒塌嶺，西路羣牧及渾河北牧馬皆爲所掠」。疑史臣誤以「倒塌嶺西路羣牧」連讀，實係上文「西路羣牧使司」之重出。

〔七〕便宜從事府亦曰便宜行事便宜從事　此條疑爲史臣附會。按本書他處所見「便宜從事」、「便宜行事」均非官職，皆係特詔許專斷處置。

〔八〕左皮室詳穩司右皮室詳穩司北皮室詳穩司南皮室詳穩司　疑北、南皮室係左、右皮室之重出。按本書紀傳無並稱四皮室者，或云左右，或曰南北，或稱二皮室。卷一一聖宗紀二統和四年十一月癸巳，「北皮室詳穩排亞獻所獲宋諜二人」，排亞即蕭排押，卷八八本傳作「左皮室詳穩」。知北皮室即左皮室。又卷一一五高麗外記謂開泰七年蕭排押與高麗戰於茶、陀二河之間，「天雲、右皮室二軍没溺者衆，（中略）以南皮室軍校有功，賜衣物銀絹有差」。蓋南皮室即右皮室。

〔九〕選諸部豪健千餘人置爲腹心部　本書卷七三耶律曷魯傳曰：「太祖宫行營始置腹心部，選諸部豪健二千餘充之。」與此異。

〔一〇〕「太宗選天下精甲三十萬爲皮室軍」至「屬珊軍詳穩司應天皇太后置軍二十萬」 宋史卷二六四宋琪傳引平燕薊十策及契丹國志卷二三兵馬制度均謂皮室軍三萬，屬珊軍二萬。

〔一一〕礮手軍 「手」，原作「首」。按本書卷一一聖宗紀二統和四年六月甲辰有「礮手」，卷二六道宗紀六壽隆元年九月丙辰有「砲人」、「弩人」，又本卷下文有「弩手軍」。今據改。

〔一二〕龍衞軍詳穩司威勝軍詳穩司 本書卷一三聖宗紀四統和十三年七月壬戌，「詔蔚、朔等州龍衞、威勝軍更戍」，又謂翌年五月庚戌「朔州威勝軍一百七人叛入宋」。知龍衞、威勝軍爲蔚、朔州節度營兵，當改置南面。

〔一三〕肴里奚軍詳穩司 「肴里」，原作「滑里」，據本書卷一六聖宗紀七開泰八年七月辛酉及卷一一五高麗外記改。「肴里」蓋即奚六部之遥里。

〔一四〕朮不姑 朮不姑即阻卜異譯，此係重出。

〔一五〕契丹奚軍都指揮使司 「奚」字疑衍。

〔一六〕杓窊司未詳 本書卷五七儀衞志三云：「杓窊，鷙鳥之總名，以爲印紐，取疾速之義。行軍詔賜將帥用之。」按杓窊司當掌杓窊印。

〔一七〕涑州南兵馬指揮使司 「涑州」，原作「淶州」。按本書卷三八地理志二云：「涑州，刺史。渤海置。兵事隸南兵馬司。」即其所本。今據改。

〔一八〕「聖宗開泰七年」至「特置戍長一員巡察」 本書卷一七聖宗紀八，太平八年二月戊子拒馬河始置戍長巡察。

〔一九〕知西路招討事　疑當作「知西北路招討使事」。按本書屢見「知西北路招討使事」，無「知西路招討事」。

〔二〇〕某國司空本名闥林　本書卷四太宗紀下會同元年十一月，「諸部宰相、節度使帳爲司空，二室韋闥林爲僕射」。然卷一一六國語解曰：「撻林，官名。後二室韋部改爲僕射，又名司空。」按司空本名闥林別無旁證，疑係史官誤解。

〔二一〕蘇館都大王　「蘇」上疑闕「曷」字。按此名僅見於此，本書卷一九興宗紀二重熙十年十月庚寅作「曷蘇館都大王」。

〔二二〕沙州回鶻燉煌郡王府　「府」字原闕，據上下文例補。

〔二三〕惕德國王府　「惕德」，原作「惕隱」。按本書所見遼屬國無「惕隱」而有「惕德」，今據改。

〔二四〕仙門國王府　仙門當係鐵驪酋長名，史臣誤以爲國名。按本書卷二〇興宗紀三重熙十六年十月庚午，「鐵驪仙門來朝，以始入貢，加右監門衛大將軍」。

〔二五〕鐵不得國王府　「鐵不得」，箭内亘元代社會の三階級謂即吐蕃之異譯。

〔二六〕鼻國德國王府　「鼻國德」，本書屢見「鼻骨德部」，蓋即此名之異譯。本卷下文有「鼻骨德部」，疑係重出。

〔二七〕紕没里國王府　紕没里即上文之賃烈，此係重出。參見本書卷七〇屬國表校勘記〔七〕。

〔二八〕茶扎剌部　「茶」，諸本均作「荼」，據本書道宗紀大安十年四月丙午、壽隆六年五月壬午改。

〔二九〕烏隈烏骨里部　「烏骨里」，本書或作「烏古」，或作「于厥」。此烏隈烏骨里部即上文烏隈于厥部之重出。

〔三〇〕敵烈部　上文謂「迪烈德國王府，亦曰敵烈，亦曰迭烈德」，此係重出。

〔三一〕迪离畢部涅剌部烏濊部已上三部隸夫人婆底里東北路管押司　本書卷一二聖宗紀三統和七年七月甲午，「以迪离畢、涅剌、烏濊三部各四人益東北路夫人婆里德」，非以其部隸之。

〔三二〕八石烈敵烈部　本書卷一三聖宗紀四統和十五年有「敵烈八部」，卷一五聖宗紀六開泰三年九月丁酉作「八部敵烈」，卷二三道宗紀三咸雍九年七月戊申又作「八石烈敵烈」。此處「八石烈敵烈部」即八部敵烈，與上文敵烈部重出。

〔三三〕退欲德部　本書無此部。按本書卷三太宗紀上天顯十年四月，「吐谷渾酋長退欲德率衆內附」，此處蓋誤以其酋長名爲部名。

〔三四〕遥思拈部　本書卷一六聖宗紀七開泰八年三月己未作「遥恩拈部」，「思」、「恩」二字或有一誤。

〔三五〕聖宗統和元年斡離部請今後詳穩於當部人內選授　本書卷一〇聖宗紀一及卷六九部族表並繫此事於統和二年三月。

〔三六〕白可久部　本書無此部。按本書卷四太宗紀下會同九年四月辛酉，「吐谷渾白可久來附」；

新五代史卷八晉高祖紀天福六年九月丁丑，「吐渾使白可久來」。是白可久當爲人名，此誤作部名。

〔三七〕麻達里別古部　本書卷二六道宗紀六壽隆二年二月癸亥及卷六九部族表並作「達麻里別古部」，疑是。

遼史卷四十七

志第十七上

百官志三

南面

契丹國自唐太宗置都督、刺史，武后加以王封，玄宗置經略使，始有唐官爵矣。其後習聞河北藩鎮受唐官名，於是太師、太保、司徒、司空施于部族。太祖因之。大同元年，世宗始置北院樞密使。明年，世宗以高勳爲南院樞密〔一〕。則樞密之設，蓋自太宗入汴始矣。天祿四年，建政事省。於是南面官僚可得而書。

其始，漢人樞密院兼尚書省，吏、兵刑有承旨，户、工有主事，中書省兼禮部，别有户部使司。以營州之地加幽、冀之半，用是適足矣。

中葉彌文，耶律楊六爲太傅，知有三師矣。忽古質爲太尉，知有三公矣。於斡古得爲常侍〔三〕，劉涇爲禮部尚書，知有門下、尚書省矣。庫部、虞部、倉部員外出使，則知備郎官列宿之員。室昉監修，則知國史有院。程翥舍人，則知起居有注。邢抱朴承旨，王言敷學士，則知有翰林内制。張幹政事舍人，則知有中書外制。大理、司農有卿，國子、少府有監，九卿、列監見矣。金吾、千牛有大將，十六列衛見矣。太子上有師保，下有府率，東宮備官也。節度、觀察、防禦、團練、刺史，咸在方州，如唐制也。

凡唐官可考見者，列具于篇，無徵者不書。

南面朝官

遼有北面朝官矣，既得燕、代十有六州，乃用唐制，復設南面三省、六部、臺、院、寺、監、諸衛、東宮之官。誠有志帝王之盛制，亦以招徠中國之人也。

三師府。本名三公，漢以丞相、太尉、御史大夫爲三公，故稱三師。

太師。穆宗應曆三年見太師唐骨德。

太傅。太宗會同元年命馮道守太傅。

太保。會同元年劉昫守太保[三]。
少師。耶律資忠傳見少師蕭把哥。
少傅。
少保。
掌印。耶律乙辛，重熙中掌太保印[四]。
三公府。先漢丞相、太尉、御史大夫，後漢更名大司徒、大司馬、大司空，唐太尉、司徒、司空，又名三司。
太尉。太宗天顯十一年見太尉趙思温。
司徒。世宗天禄元年見司徒劃設。
司空。聖宗統和三十年見司空邢抱質。
漢人樞密院。本兵部之職，在周爲大司馬，漢爲太尉。唐季宦官用事，内置樞密院，後改用士人。晉天福中廢，開運元年復置。太祖初有漢兒司，韓知古總知漢兒司事。太宗入汴，因晉置樞密院，掌漢人兵馬之政，初兼尚書省。

樞密使。太宗大同元年見樞密使李崧。

知樞密使事。

知樞密院事。

樞密副使。楊遵勗，咸雍中爲樞密副使。

同知樞密院事。聖宗太平六年見同知樞密院事耶律迷離已。

知樞密院副使事。楊晳，興宗重熙十二年知樞密院副使事。

樞密直學士。聖宗統和二年見樞密直學士郭暇〔五〕。

樞密都承旨。聖宗開泰九年見樞密都承旨韓紹芳。

樞密副承旨。楊遵勗，重熙中爲樞密副承旨。

吏房承旨。

兵刑房承旨。

户房主事。

廳房主事，即工部。

中書省。初名政事省。太祖置官，世宗天禄四年建政事省，興宗重熙十三年改中書省〔六〕。

中書令。韓延徽，太祖時爲政事令；韓知古，天顯初爲中書令；會同五年又見政事令趙延壽。

大丞相。太宗大同元年見大丞相趙延壽。

左丞相。聖宗太平四年見左丞相張儉。

右丞相。聖宗開泰元年見右丞相馬保忠。

知中書省事。蕭孝友，興宗重熙十年知中書省事〔七〕。

中書侍郎。韓資讓，壽隆初爲中書侍郎。

同中書門下平章事。太祖加王郁同政事門下平章事〔八〕，太宗大同元年見平章事張礪。

參知政事。聖宗統和十二年見參知政事邢抱朴。

堂後官。太平二年見堂後官張克恭。

主事。

守當官。並見耶律儼建官制度。

令史。耶律儼，道宗咸雍三年爲中書省令史。

中書舍人院。
中書舍人。室昉，景宗保寧間爲政事舍人；道宗咸雍三年見中書舍人馬鉉。
右諫院。
右諫議大夫。聖宗統和七年見諫議大夫馬得臣。
右補闕。
右拾遺。劉景，穆宗應曆初爲右拾遺。

門下省。
侍中。趙思忠，太宗會同中爲侍中〔九〕。
常侍。興宗重熙十四年見常侍斡古得。
散騎常侍。馬人望，天祚乾統中爲左散騎常侍。
給事中。聖宗統和二年見給事中郭嘏。
門下侍郎。楊晳，清寧初爲門下侍郎。
起居舍人院。
起居舍人。聖宗開泰五年見起居舍人程翥。

知起居注。耶律敵烈，重熙末知起居注。

起居郎。杜防，開泰中爲起居郎。

左諫院。

左諫議大夫。

左補闕。

左拾遺。統和三年見左拾遺劉景。

通事舍人院。

通事舍人。統和七年見通事舍人李琬。

符寶司。

符寶郎。耶律玦，重熙初爲符寶郎。

東上閤門司。太宗會同元年置。

東上閤門使。韓延徽傳見東上閤門使鄭延豐。

東上閤門副使。

西上閤門司。

西上閤門使。統和二十一年見西上閤門使丁振。

西上閤門副使。

東頭承奉班。

東頭承奉官。韓德讓，景宗時爲東頭承奉官。

西頭承奉班。

西頭承奉官〔一〇〕。

通進司。

左通進。

右通進。耶律瑶質，景宗時爲右通進。

登聞鼓院。

登聞鼓使。

匭院。

知匭院使。太平三年見知匭院事杜防。

誥院。

誥院給事。耶律鐸斡，重熙末爲誥院給事〔一一〕。

尚書省。太祖嘗置左右尚書。

尚書令。蕭思温，景宗保寧初爲尚書令。

左僕射。太祖初康默記爲左尚書，三年見左僕射韓知古。

右僕射。太宗會同元年見右僕射烈束。

左丞。武白爲尚書左丞。

右丞。

左司郎中。

右司郎中。

左司員外郎。

右司員外郎。

六部職名總目：

某部。

某部尚書。聖宗開泰元年見吏部尚書劉績。

某部侍郎。王觀，興宗重熙中爲兵部侍郎；李澣，穆宗朝累遷工部侍郎。

某部郎中。劉輝，道宗大安末爲禮部郎中〔一二〕。

某部員外郎。開泰五年見禮部員外郎王景運。

某部郎中。聖宗統和九年見虞部郎中崔祐〔一三〕。諸曹郎官未詳。

御史臺。太宗會同元年置。

御史大夫。會同九年見御史大夫耶律解里。

御史中丞。

侍御。重熙七年見南面侍御壯骨里。

殿中司。

殿中。聖宗開泰元年見殿中高可恒〔一四〕。

殿中丞。

尚舍局。見遼朝雜禮。

奉御。

尚乘局奉御。

尚輦局奉御。

尚食局奉御。

尚衣局奉御。

翰林院。掌天子文翰之事。

翰林都林牙。興宗重熙十三年見翰林都林牙耶律庶成。

南面林牙。耶律磨魯古，聖宗統和初爲南面林牙。

翰林學士承旨。趙延壽傳見翰林學士承旨張礪。

翰林學士。太宗大同元年見和凝爲翰林學士。

翰林祭酒。韓德崇，景宗保寧初爲翰林祭酒。

知制誥。室昉，太宗入汴，詔知制誥。

翰林畫院。

翰林畫待詔。聖宗開泰七年見翰林畫待詔陳升。

翰林醫官。天祚保大二年見提舉翰林醫官李奭。

國史院。

監修國史。聖宗統和九年見監修國史室昉。

史館學士。景宗保寧八年見史館學士。

史館修撰。劉輝，大安末爲史館修撰〔二五〕。

修國史。耶律玦，重熙初修國史。

宣政殿。

宣政殿學士。穆宗應曆元年見宣政殿學士李澣。

觀書殿。

觀書殿學士。王鼎，壽隆初爲觀書殿學士。

昭文館。

昭文館直學士。楊遵勗子晦爲昭文館直學士。

崇文館。

崇文館大學士。韓延徽，太祖時爲崇文館大學士。

乾文閣。

乾文閣學士。王觀，道宗咸雍五年爲乾文閣學士。

宣徽院。太宗會同元年置。

宣徽使。

知宣徽院事。馬得臣，統和初知宣徽院事。

宣徽副使。

同知宣徽使事。

同知宣徽院事。

內省。

內省使。聖宗太平九年初見內省使。

內省副使。

內藏庫。

內藏庫提點。道宗清寧元年見內藏庫提點耶律烏骨〔一六〕。

內侍省。

黄門令。

內謁者。
內侍省押班。
內侍左廂押班。
內侍右廂押班。
契丹、漢兒、渤海內侍都知。
左承宣使。
右承宣使。
內庫。
都提點內庫。
尚衣庫。
尚衣庫使。
湯藥局。
都提點、勾當湯藥。
內侍省官，並見王繼恩、趙安仁傳。

客省。太宗會同元年置。

都客省。興宗重熙十年見都客省回鶻重哥。

客省使。會同五年見客省使耶律化哥。

左客省使。蕭護思，應曆初爲左客省使。

右客省使。

客省副使。

四方館。

四方館使。高勳，太宗入汴爲四方館使。

四方館副使。道宗咸雍五年，詔四方館副使止以契丹人充。

引進司。

引進使。聖宗統和二十八年見引進使韓杞。

點籤司。

同籤點籤司事。興宗重熙六年見同籤點籤司事耶律圓寧〔一七〕。

禮信司。

勾當禮信司。興宗重熙七年見勾當禮信司骨欲。

禮賓使司。

禮賓使。大公鼎曾祖忠爲禮賓使。

寺官職名總目：

某卿。興宗景福元年見崇禄卿李可封。

某少卿。耶律儼子處貞爲太常少卿。

某丞。

某主簿。

太常寺。有博士、贊引、太祝、奉禮郎、協律郎。

諸署職名總目：

某署令。

某署丞。

太樂署。

鼓吹署。

法物庫。遼朝雜禮有法物庫所掌圖籍。

法物庫使。
法物庫副使。
崇禄寺。本光禄寺，太宗諱改〔一八〕。
衛尉寺。
宗正寺。職在大惕隱司。
太僕寺。有乘黄署。
大理寺。有提點大理寺，有大理正，聖宗統和十二年置。
鴻臚寺。
司農寺。

諸監職名總目：
某太監。興宗景福元年見少府監馬憚。
某少監。興宗重熙十七年見將作少監王企〔一九〕。
某監丞。
某監主簿。

祕書監。有祕書郎、校書郎、正字〔二〇〕。

著作局。

著作郎。

著作佐郎。楊晳，聖宗太平十一年爲著作佐郎。

校書郎。楊佶，統和中爲校書郎。

正字。開泰元年見正字李萬。

司天監。有太史令，有司曆，靈臺郎，挈壺正，五官正，丞，主簿，五官靈臺郎、保章正、司曆、監候、挈壺正、司辰，刻漏博士，典鐘，典鼓。

國子監。上京國子監，太祖置。

祭酒。

司業。

監丞。

主簿。

國子學。

博士。武白爲上京國子博士。

助教。

太府監。

少府監。

將作監。

都水監。

已上文官。

諸衞職名總目：

各衞。

大將軍。聖宗開泰七年見皇子宗簡右衞大將軍。

上將軍。王繼忠，統和二十二年加左武衞上將軍。

將軍。聖宗太平四年見千牛衞將軍蕭順。

折衝都尉。

果毅都尉。

親衞。

勳衞。
翊衞。
左右衞。
左右驍衞。
左右武衞。
左右威衞。
左右領軍衞。
左右金吾衞。
左右監門衞。
左右千牛衞。
左右羽林軍。
左右龍虎軍。
左右神武軍。
左右神策軍。
左右神威軍。

已上武官。

東宮三師府。凡東宮官多見遼朝雜禮。

太子太師。太宗大同元年見太子太師李崧。

太子太傅。世宗天禄五年見太子太傅趙瑩。

太子太保。大同元年見太子太保趙瑩。

太子少師。聖宗太平十一年見太子少師蕭從順。

太子少傅。耶律合里，重熙中爲太子少傅。

太子少保。大同元年見太子少保馮玉。

太子賓客院。

太子賓客。

太子詹事院。

太子詹事。

少詹事。

詹事丞。

詹事主簿。
太子司直司。
太子司直。
左春坊。
太子左庶子。
太子中允。聖宗太平五年見太子中允馮若谷。
太子司議郎。
太子左諭德。
太子左贊善大夫。
文學館。
崇文館學士。
崇文館直學士。
太子校書郎。聖宗太平五年見太子校書郎韓濼〔二二〕。
司經局。
太子洗馬。劉輝，大安末爲太子洗馬。

太子文學。
太子校書郎。聖宗太平五年見太子校書郎張昱。
太子正字。
典設局。
典設郎。
宮門局。
宮門郎。
右春坊。
太子右庶子。
太子中舍人。
太子舍人。
太子右諭德。
右贊善大夫。
太子通事舍人。
太子家令寺。

太子家令。

丞。

主簿。

太子率更寺。

太子率更令。

丞。

主簿。

太子僕寺。

太子僕。

丞。

主簿。

太子率府職名總目：

某率。興宗重熙十四年見率府率習羅。

太子左右衛率府。

太子左右司禦率府。

太子左右清道率府。
太子左右監門率府。
太子左右內率府。
已上東宮官。
王傅府。
王傅。蕭惟信，重熙十五年爲燕趙王傅。
親王內史府。
內史。道宗大康三年見內史吳家奴。
長史。
參軍。
諸王文學館。
諸王教授。姚景行，重熙中爲燕趙國王教授。
諸王伴讀。聖宗太平八年，長沙郡王宗允等奏選諸王伴讀。
已上諸王府官。

南面宫官

漢兒行宫都部署院。亦曰南面行宫都部署司。聖宗開泰九年改左僕射[二二]。

漢兒行宫都部署。開泰七年見漢兒行宫都部署石用中。

漢兒行宫副部署。興宗重熙十五年見漢兒行宫副部署耶律敵烈[二三]。

知南面諸行宫副部署。重熙十年見知南面諸行宫副部署耶律褭里。

同知漢兒行宫都部署事。道宗大康三年見同知漢兒行宫都部署事蕭撻不也。

同簽部署司事。耶律儼，大康中爲同簽部署司事。

都部署判官。耶律儼，咸雍中爲都部署判官[二四]。

十二宫南面行宫都部署司職名總目：

某宫漢人行宫都部署。

某宫南面副都部署。

某宫同知漢人都部署。

弘義宫。

永興宮。

積慶宮。

長寧宮。

延昌宮。

彰愍宮。

崇德宮。

興聖宮。

延慶宮。

太和宮。

永昌宮。

敦睦宮。

校勘記

〔一〕大同元年世宗始置北院樞密使明年世宗以高勳爲南院樞密　本書卷五世宗紀大同元年八月癸未，「始置北院樞密使」；九月丁卯，「改大同元年爲天祿元年。（中略）高勳爲南院樞密使」。知均係同年事。

〔二〕於斡古得爲常侍　「斡」，原作「韓」，據本書卷一九興宗紀二重熙十四年正月甲申及下文門下省條改。

〔三〕「太宗會同元年命馮道守太傅」及「會同元年劉昫守太保」　本書卷四太宗紀下會同元年十二月戊戌，「遣同括、阿鉢等使晉，制加晉馮道守太傅，劉昫守太保，餘官各有差」。知馮道、劉昫實非遼官。

〔四〕耶律乙辛重熙中掌太保印　本書卷一一〇耶律乙辛傳云：「重熙中，爲文班吏，掌太保印。」卷一四聖宗紀五統和二十年四月丙寅有「文班太保達里底」，卷二二道宗紀二清寧九年七月戊午有「文班太保奚叔」。耶律乙辛所掌當係文班太保印，與三師太保無涉。

〔五〕郭椵　下文給事中條同。本書卷一〇聖宗紀一統和二年十一月壬子作「鄭椵」。

〔六〕興宗重熙十三年改中書省　「十三年」疑誤。按本書卷一九興宗紀二重熙十二年十二月，「改政事省爲中書省」。

〔七〕蕭孝友興宗重熙十年知中書省事　按重熙十二年始改政事省爲中書省。本書卷八七蕭孝友傳謂重熙十年加政事令，後「拜中書令」。

〔八〕太祖加王郁同政事門下平章事　「王郁」，原作「王都」。按本書卷七五王郁傳云：「從太祖平渤海，戰有功，加同政事門下平章事。」今據改。

〔九〕趙思忠太宗會同中爲侍中　「趙思忠」，疑當作「趙思温」。按「趙思忠」本書僅此一見。本書卷七六趙思温傳云：「天顯十一年，唐兵攻太原，石敬瑭遣使求救，上命思温自嵐、憲間出兵援之。既罷兵，（中略）兼侍中。」

〔一〇〕「東頭承奉班」至「西頭承奉官」　「承奉」，遼代石刻俱作「供奉」。金史卷五三選舉志三謂筆硯供奉以避顯宗允恭嫌名改爲筆硯承奉。疑金修遼史，亦改遼之「供奉」爲「承奉」，元人因之。

〔一一〕重熙末爲誥院給事　「誥」，原作一字空格，據明鈔本、南監本、北監本、殿本補。

〔一二〕劉輝道宗大安末爲禮部郎中　本書卷一〇四劉輝傳謂大安末爲太子洗馬，壽隆二年遷禮部郎中。

〔一三〕聖宗統和九年見虞部郎中崔祐　「虞部郎中」，本書卷一三聖宗紀四統和九年三月戊申作「虞部員外郎」。

〔一四〕聖宗開泰元年見殿中高可恒　「高可恒」，本書卷一五聖宗紀六開泰元年十二月癸未作「高可垣」。

〔一五〕劉輝大安末爲史館修撰　據本書卷一〇四劉輝傳，爲史館修撰當在壽隆間。

〔一六〕道宗清寧元年見内藏庫提點耶律烏骨　「元年」，疑當作「九年」。按「内藏提點烏骨」僅見於本書卷二二道宗紀二清寧九年七月戊午。

〔一七〕點簽司同簽點簽司事興宗重熙六年見同簽點簽司事耶律圓寧　按本書卷一八興宗紀一重熙六年五月己酉，「簽北面事耶律涅哥同簽點檢司」。此處「點簽司」，疑當作「點檢司」，圓寧或即涅哥之契丹語第二名。

〔一八〕太宗諱改　諸本皆同，此句上當有一「避」字。

〔一九〕興宗重熙十七年見將作少監王企　「王企」，本書卷二〇興宗紀三重熙十七年二月作「王全」。

〔二〇〕祕書監有祕書郎校書郎正字　「校書郎」，原作「祕書郎」。按唐制，祕書省有祕書郎、校書郎、正字。遼襲唐制，亦有校書郎。本書卷八九楊晳傳及卷九七竇景庸傳，保寧十年李内貞墓誌、統和十八年劉宇傑墓誌、天慶四年王師儒墓誌等均有「祕書省校書郎」。今據改。

〔二一〕太子校書郎聖宗太平五年見太子校書郎韓灤　本書卷一七聖宗紀八太平五年十一月庚子，「以張昱等一十四人爲太子校書郎，韓欒等五十八人爲崇文館校書郎」。按此「韓灤」即「韓欒」，疑史官誤以「太子校書郎」與下文「韓欒」連讀，此處「太子校書郎」應爲「崇文館校書郎」之誤。

〔二二〕聖宗開泰九年改左僕射　本書卷一六聖宗紀七開泰九年十一月己未，「以夷离畢蕭孝順爲南面諸行宫都部署，加左僕射」。按此係加官，非改都部署爲左僕射。

〔二三〕興宗重熙十五年見漢兒行宫副部署耶律敵烈　本書卷一九興宗紀二重熙十五年十一月丁

亥，耶律敵烈爲「漢人行宮都部署」，非副部署。

〔二四〕耶律儼咸雍中爲都部署判官　本書卷九八耶律儼傳謂「大康初，歷都部署判官」，非咸雍中事。

遼史卷四十八

志第十七下

百官志四

南面京官

遼有五京。上京爲皇都，凡朝官、京官皆有之；餘四京隨宜設官，爲制不一。大抵西京多邊防官，南京、中京多財賦官。五京並置者，列陳之；特置者，分列于後。

三京宰相府職名總目：

左相。

右相。

左平章政事。
右平章政事。
東京宰相府。聖宗統和元年，詔三京左右相、左右平章事。
中京宰相府〔一〕。
南京宰相府。

諸京内省客省職名總目：
某京某省使。
某京某省副使。耶律蒲奴，開泰末爲上京内客省副使。
上京内省司。
東京内省司。地理志，東京大内不置宫嬪，唯以内省使、副、判官守之。

五京諸使職名總目：
某京某使。王棠，重熙中爲上京鹽鐵使。
知某京某使事。張孝傑，清寧間知户部使事。

某京某副使。劉伸，重熙中爲三司副使。

同知某京某使事。道宗大康三年見撻不也同知度支使事。

某京某判官。聖宗太平九年見户部使判官。

上京鹽鐵使司。

東京户部使司。

中京度支使司。

南京三司使司。

南京轉運使司。亦曰燕京轉運使司。

西京計司〔二〕。

五京留守司兼府尹職名總目：

某京留守行某府尹事。聖宗統和元年見上京留守、行臨潢尹事吴王稍。

某京副留守。天祚天慶六年見東京副留守高清臣。

知某京留守事。蕭惠，開泰二年知東京留守事〔三〕。

某府少尹。聖宗太平四年見臨潢少尹鄭弘節〔四〕。

同知某京留守事。太平八年見中京同知耶律野。

同簽某京留守事。蕭滴洌，太平六年同簽南京留守事。

某京留守判官。室昉，天禄中爲南京留守判官。

某京留守推官。聖宗開泰元年見中京留守推官李可舉。

上京留守司。

東京留守司。

中京留守司。太宗大同元年命趙延壽爲中京留守，治鎮州。聖宗統和十二年命室昉爲中京留守，治大定府〔五〕。

南京留守司。太宗天顯三年升東平郡爲南京，治遼陽。十三年以幽州爲南京，治析津。聖宗開泰元年改幽都府爲析津府。

西京留守司。

五京都總管府職名總目：

某京都總管、知某府事。

同知某府事。聖宗太平五年見同知中京事蕭堯衮。

上京都總管府。
東京都總管府。
中京都總管府。
南京都總管府。
西京都總管府。

五京都虞候司職名總目：
都虞候。
上京都虞候司。
東京都虞候司。
南京都虞候司。
西京都虞候司。
中京都虞候司。

五京警巡院職名總目：

某京警巡使。

某京警巡副使。

上京警巡院。

東京警巡院。

中京警巡院。

南京警巡院。

西京警巡院。

五京處置使司職名總目：

某京處置使。

上京處置司。

東京處置司。

中京處置司。

西京處置司。

南京處置司。

五京學職名總目：道宗清寧五年，詔設學養士〔六〕，頒經及傳疏，置博士、助教各一員。

博士。

助教。

上京學。上京別有國子監，見朝官。

東京學。

中京學。中京別有國子監，與朝官同。

南京學。亦曰南京太學，太宗置。聖宗統和十三年，賜水磑莊一區。

西京學。

已上五京官。

上京城隍使司。亦曰上京皇城使。

上京城隍使。韓德讓，景宗時爲上京皇城使〔七〕。

東京渤海承奉官。聖宗開泰八年耶律八哥奏，渤海承奉班宜設官以統之，因置。

渤海承奉都知押班。

遼陽大都督府。太宗會同二年置。

遼陽大都督。會同二年，都督曷魯泊等鬬防遼陽東都。

東京安撫使司。

東京安撫使。

東京軍巡院。地理志，東京有歸化營軍千餘人，籍河朔亡命於此，置軍巡院。

東京軍巡使。

中京文思院。

中京文思使。馬人望父佺爲中京文思使〔八〕。

中京路按問使司。

中京路按問使。耶律和尚，重熙二十四年爲中京路按問使。

中京巡邏使司。

中京巡邏使。耶律古昱，開泰間爲中京巡邏使。

中京大內都部署司。

中京大內都部署。聖宗開泰元年見中京大內都部署。

中京大內副部署。

南京宣徽院。

南京宣徽使。道宗壽隆元年見宣徽使耶律特末〔九〕。

知南京宣徽院使事。

知南京宣徽院事。

南京宣徽副使。

同知南京宣徽院事。

南京處置使司。聖宗開泰元年見秦王隆慶爲燕京管内處置使。

燕京管内處置使〔一〇〕。

南京侍衛親軍馬步軍都指揮使司。

南京侍衛親軍馬步軍都指揮使。蕭討古，乾亨初爲南京侍衛親軍都指揮使。

南京馬步副指揮使。

南京侍衛親軍馬軍都指揮使司。

南京馬軍都指揮使。

南京馬軍副指揮使。

南京侍衛親軍步軍都指揮使司。

南京步軍都指揮使。

南京步軍副指揮使。

南京栗園司。

典南京栗園。

雲州宣諭招撫使司。

雲州管内宣諭招撫使二員。統和四年見韓毗哥、邢抱朴爲雲州管内宣諭招撫使〔一一〕。

南面大蕃府官

黃龍府。

知黃龍府事。興宗重熙十三年見知黃龍府事耶律甌里斯。

同知黃龍府事。

黃龍府判官。

黃龍府侍衛親軍馬步軍都指揮使。

黃龍府侍衛親軍都指揮使。

黄龍府侍衞親軍副指揮使。
黄龍府侍衞馬軍都指揮使。
黄龍府侍衞步軍都指揮使。
黄龍府侍衞馬軍副指揮使。
黄龍府侍衞步軍副指揮使。

黄龍府學。

博士。

助教。

興中府。

知興中府事。咸雍元年見知興中府事楊績。

同知興中府事。

興中府判官。

興中府學。

博士。

助教。

南面方州官

遼東、西，燕、秦、漢、唐已置郡縣，設官職矣。高麗、渤海因之。至遼，五京列峙，包括燕、代，悉爲畿甸。二百餘年，城郭相望，田野益闢。冠以節度，承以觀察、防禦、團練等使，分以刺史、縣令，大略採用唐制。其間宗室、外戚、大臣之家築城賜額，謂之「頭下州軍」。唯節度使朝廷命之，後往往皆歸王府。不能州者謂之軍，不能縣者謂之城，不能城者謂之堡。其設官則未詳云。

節度使職名總目：

某州某軍節度使。

某州某軍節度副使。

同知節度使事。耶律玦，重熙中同知遼興軍節度使事。

行軍司馬。

軍事判官。

掌書記。劉伸，重熙五年爲彰武軍節度使掌書記。

衙官。

某馬步軍都指揮使司。

都指揮使。

副指揮使。

某馬軍指揮使司。

指揮使。

副指揮使。

某步軍指揮使司。

指揮使。

副指揮使。

上京道〔二三〕：

懷州奉陵軍節度使司。

慶州玄寧軍節度使司。

泰州德昌軍節度使司。

長春州韶陽軍節度使司。
儀坤州啓聖軍節度使司。
龍化州興國軍節度使司。
饒州匡義軍節度使司。
徽州宣德軍節度使司。
成州長慶軍節度使司。
懿州廣順軍節度使司。
渭州高陽軍節度使司。
鎮州建安軍節度使司。

東京道：

開州鎮國軍節度使司。
保州宣義軍節度使司。
辰州奉國軍節度使司。
興州中興軍節度使司。
海州南海軍節度使司。

渌州鴨渌軍節度使司。
顯州奉先軍節度使司。
乾州廣德軍節度使司。
貴德州寧遠軍節度使司。
瀋州昭德軍節度使司。
遼州始平軍節度使司。
通州安遠軍節度使司。
雙州保安軍節度使司。
同州鎮安軍節度使司。
咸州安東軍節度使司。
信州彰聖軍節度使司。
賓州懷化軍節度使司。
懿州寧昌軍節度使司。
蘇州安復軍節度使司。
復州懷德軍節度使司。

祥州瑞聖軍節度使司。

中京道：

成州興府軍節度使司。

興中府彰武軍節度使司。

宜州崇義軍節度使司。

錦州臨海軍節度使司。

川州長寧軍節度使司。

建州保靜軍節度使司。

來州歸德軍節度使司。

南京道：

幽州盧龍軍節度使司。

平州遼興軍節度使司。

西京道〔一三〕：

雲中大同軍節度使司。

雲内州開遠軍節度使司。

奉聖州武定軍節度使司。
蔚州忠順軍節度使司。
應州彰國軍節度使司。
朔州順義軍節度使司。

觀察使職名總目：

某州軍觀察使。
某州軍觀察副使。
某州軍觀察判官。王鼎，清寧五年爲易州觀察判官。

州學。

博士。
助教。

中京道：

高州觀察使司。
武安州觀察使司。

利州觀察使司。

東京道：

益州觀察使司。

寧州觀察使司。

歸州觀察使司。

寧江州混同軍觀察使司。

上京道：

永州永昌軍觀察使司。

靜州觀察使司。

團練使司職名總目：

某州團練使。

某州團練副使。

某州團練判官。

州學。

博士。

助教。

東京道：

安州團練使。

防禦使司職名總目：

某州防禦使。

某州防禦副使。

某州防禦判官。

州學。

博士。

助教。

東京道：

廣州防禦使司。

鎮海府防禦使司。

冀州防禦使司。

衍州安廣軍防禦使司。

州刺史職名總目：

某州刺史。

某州同知州事。耶律獨攧，重熙中同知金肅軍事。

某州録事參軍。世宗天禄五年，詔州録事參軍委政事省差注。

州學。

博士。

助教。

上京道五州：烏、降聖、維、防、招。

東京道三十七州：穆、賀、盧、鐵、崇、耀、嬪、遼西、康、宗、海北、巖、集、祺、遂、韓、銀、安遠、威、清、雍、湖、渤、郢、銅、涑、率賓、定理、鐵利、吉、麓、荆、勝、順化、連、肅、烏。

中京道十三州：恩、惠、榆、澤、北安、潭、松山、安德、黔、嚴、隰〔二四〕、遷、潤。

南京道八州：順、檀、涿、易、薊、景、灤、營。

西京道八州：弘、德、寧邊、歸化、可汗、儒、武、東勝。

縣職名總目：

某縣令。

某縣丞。

某縣主簿。世宗天禄五年，詔縣主簿委政事省差注〔二五〕。

某縣尉。

縣學。大公鼎爲良鄉縣尹，建孔子廟。

博士。

助教。

五京諸州屬縣，見地理志。縣有驛遞、馬牛、旗鼓、鄉正、廳隸、倉司等役。有破産不能給者，良民患之。馬人望設法，使民出錢免役，官自募人，倉司給使以公使充，人以爲便。

南面分司官

平理庶獄，採摭民隱，漢、唐以來，賢主以爲恤民之令典。官不常設，有詔，則選材望官爲之。

分決諸道滯獄使。聖宗統和九年，命邢抱朴等五員，又命馬守瑛等三員，分決諸道滯獄〔二六〕。

按察諸道刑獄使。開泰五年遣劉涇等分路按察刑獄〔二七〕。

採訪使。太宗會同三年命于骨鄰爲採訪使。

南面財賦官

遼國以畜牧、田漁爲稼穡，財賦之官，初甚簡易。自涅里教耕織，而後鹽鐵諸利日以滋殖，既得燕、代，益富饒矣。

諸錢帛司職名總目：

某州錢帛都點檢。大公鼎爲長春州錢帛都提點。

長春路錢帛司。興宗重熙二十二年置。

遼西路錢帛司。

平州路錢帛司。

轉運司職名總目：

某轉運使。

某轉運副使。

同知某轉運使。

某轉運判官。

山西路都轉運使司。楊皙，興宗重熙二十年爲山西轉運使。

奉聖州轉運使司。聖宗開泰三年置。

蔚州轉運使司。

應州轉運使司。

朔州轉運使司。

保州轉運使司。已上並開泰三年置〔一八〕。

西山轉運使。聖宗太平三年見西山轉運使郎玄化〔一九〕。

南面軍官

傳曰：「雖楚有材，晉寔用之。」遼自太祖以來，攻掠五代、宋境，得其人，則就用之，東、北二鄙，以農以工，有事則從軍政。計之善者也。

點檢司職名總目：

某都點檢。穆宗應曆十六年見殿前都點檢耶律夷刺葛〔三〇〕。

某副點檢。聖宗太平六年見副點檢耶律野。

同知某都點檢。道宗清寧九年見同知點檢司事耶律撻不也。

點檢司。

殿前都點檢司。

點檢侍衛親軍馬步司。

諸指揮使司職名總目：

某軍都指揮使。聖宗統和二年見侍衛親軍都指揮使韓倬。

某軍副指揮使。

某軍都監。

某軍都指揮使司。
某軍副指揮使司。
並同前。
侍衛親軍馬步軍都指揮使司。
侍衛親軍馬軍都指揮使司。
侍衛親軍步軍都指揮使司。
侍衛控鶴兵馬都指揮使司。
侍衛漢軍兵馬都指揮使司。
四軍兵馬都指揮使司。
歸聖軍兵馬都指揮使司。聖宗統和五年，以宋降軍置七指揮〔二〕，署左右廂，凡四十二員。七年，隸總管府。
歸聖軍左廂兵馬都指揮使司。
歸聖軍右廂兵馬都指揮使司。
第一左廂兵馬都指揮使司。
第一右廂兵馬都指揮使司。

第二左廂兵馬都指揮使司。

第二右廂兵馬都指揮使司。

第三左廂兵馬都指揮使司。

第三右廂兵馬都指揮使司。

第四左廂兵馬都指揮使司。

第四右廂兵馬都指揮使司。

第五左廂兵馬都指揮使司。

第五右廂兵馬都指揮使司。

第六左廂兵馬都指揮使司。

第六右廂兵馬都指揮使司。

第七左廂兵馬都指揮使司。

第七右廂兵馬都指揮使司。

宣力軍都指揮使司。

四捷軍都指揮使司。

天聖軍都指揮使司。

漢軍都指揮使司。

諸軍都團練使職名總目：

某軍都團練使。趙思温，太祖神册二年爲漢軍都團練使。

某軍團練副使。

某軍團練判官。

漢軍都團練使司。

諸軍兵馬都總管府職名總目：

某兵馬都總管。聖宗太平四年見兵馬都總管。

某兵馬副總管。

同知某兵馬事。

某兵馬判官。

兵馬都總管府。

歸聖軍兵馬都總管府。

南面邊防官

三皇、五帝寬柔之化，澤及漢、唐，好生惡殺，習與性成。雖五代極亂，習於戰鬭者財幾人耳。宋以文勝，然遼之邊防猶重於南面，直以其地大民衆故耳。卒之親仁善鄰，桴鼓不鳴幾二百年。此遼之所以爲美也歟。

易州飛狐招安使司。聖宗統和二十三年改安撫使司。

易州飛狐兵馬司。道宗咸雍四年改易州安撫司。

易州飛狐招撫司。

西南面招安使司。耶律合住，景宗保寧初爲西南面招安使。

巡檢使司。耶律合住，景宗保寧中爲巡檢使。

五州都總管府。耶律速撒，穆宗應曆初爲義、霸、祥、順、聖五州都總管〔二〕。

山後五州都管司。聖宗統和四年見蒲奴寧爲山後五州都管。

五州制置使司。聖宗開泰九年見霸、建、宜、泉、錦五州制置使〔三〕。

三州處置使司。韓德樞，太宗時爲平、灤、營三州處置使。

霸州處置使司。統和二十七年廢。

校勘記

〔一〕中京宰相府　「中京」，疑當作「上京」。按本書卷一〇聖宗紀一統和元年十一月庚辰，「上與皇太后祭乾陵，下詔諭三京左右相、左右平章事」云云。據卷三九地理志三，中京城於統和二十五年，統和元年之「三京」當指上京、東京、南京。

〔二〕西京計司　余靖武溪集卷一八契丹官儀謂「山後置轉運使」。又會編卷二一引亡遼録云：「建五京五計司：如燕三司、西轉運、中度支、上鹽鐵、東户部。」是「計司」係泛稱，西京所置當爲轉運使司。

〔三〕蕭惠開泰二年知東京留守事　本書卷九三蕭惠傳云：「開泰二年，改南京統軍使。未幾，爲右夷离畢，加同中書門下平章事。朝議以遼東重地，非勳戚不能鎮撫，乃命惠知東京留守事。」據卷一五聖宗紀六，蕭惠爲右夷离畢已在開泰六年五月，此處蓋據本傳摘鈔，繫年有誤。

〔四〕聖宗太平四年見臨潢少尹鄭弘節　本書卷一七聖宗紀八，鄭弘節爲臨潢少尹在太平五年三月。

〔五〕聖宗統和十二年命室昉爲中京留守治大定府　「中京」，疑當作「南京」，參見本書卷七九校勘記〔三〕，則此句不應繫於中京留守司下。又「治大定府」句，廿二史考異疑係附益之説。

〔六〕道宗清寧五年詔設學養士　據本書卷二一道宗紀一，此事在清寧元年十二月。

〔七〕韓德讓景宗時爲上京皇城使　「皇」，原作「隍」，據上文「上京皇城使」及本書卷八二本傳改。

〔八〕馬人望父佺爲中京文思使　「佺」，本書卷一〇五馬人望傳作「詮」。

〔九〕道宗壽隆元年見宣徽使耶律特末　本書卷二六道宗紀六壽隆元年五月乙未，「南京宣徽使耶律特末爲北院大王」。卷九五耶律特麼傳作「南院宣徽使」。特末即特麼，然「南京」、「南院」未知孰是。

〔一〇〕南京處置使司聖宗開泰元年見秦王隆慶爲燕京管内處置使燕京管内處置使　按上文有「南京處置司」，此目係重出。又「聖宗開泰元年見秦王隆慶爲燕京管内處置使」句當在「燕京管内處置使」下。

〔一一〕統和四年見韓毗哥邢抱朴爲雲州管内宣諭招撫使　「邢抱朴」，原作「邢抱質」，據本書卷一一聖宗紀二統和四年六月癸亥及卷八〇邢抱朴傳改。

〔一二〕上京道　據本書卷三七地理志一，此下當有祖州天成軍節度使司。

〔一三〕西京道　據本書卷四一地理志五，此下當有豐州天德軍節度使司。

〔一四〕隰　原作「濕」，據本書卷三九地理志三及金史卷二四地理志上改。

〔一五〕詔縣主簿委政事省差注　「委」字原闕，據殿本補。按本書卷五世宗紀天禄五年五月壬戌，「詔州縣録事參軍、主簿，委政事省銓注」。

〔一六〕又命馬守瑛等三員分決諸道滯獄　本書卷一三聖宗紀四統和九年三月戊申，「復遣庫部員外郎馬守琪、倉部員外郎祁正、虞部員外郎崔祐、薊北縣令崔簡等分決諸道滯獄」。按「馬守瑛」、「馬守琪」當有一誤，又「三員」亦不確。

〔一七〕開泰五年遣劉涇等分路按察刑獄　本書卷一五聖宗紀六繫此事於開泰六年七月辛亥，又「劉涇」亦作「劉京」，參見卷一五校勘記〔三七〕。

〔一八〕「奉聖州轉運使司」至「已上並開泰三年置」　本書卷一五聖宗紀六開泰三年三月戊申，「南京、奉聖、平、蔚、雲、應、朔等州置轉運使」。按此處闕南京、平州、雲州，多保州。

〔一九〕西山轉運使聖宗太平三年見西山轉運使郎玄化　「西山」，疑當作「山西」。按此處記載本於卷一六聖宗紀七太平三年十二月壬戌條，本書他處均作「山西轉運使」。

〔二〇〕穆宗應曆十六年見殿前都點檢耶律夷剌葛　「應曆」二字原闕，據本書卷七穆宗紀下應曆十六年十二月甲子條補。

〔二一〕聖宗統和五年以宋降軍置七指揮　本書卷一二聖宗紀三繫此事於統和六年十月。

〔二二〕耶律速撒穆宗應曆初爲義霸祥順聖五州都總管　本書卷九四耶律速撒傳作「霸、濟、祥、順、聖五州都總管」。

〔二三〕聖宗開泰九年見霸建宜泉錦五州制置使　「泉」，疑當作「白川」。按遼無「泉州」，本書卷三九地理志三云：「統和中，制置建、霸、宜、錦、白川等五州。」

遼史卷四十九

志第十八

禮志一

理自天設，情繇人生。以理制情，而禮樂之用行焉。林豺梁獺，是生郊禘；窪尊燔黍，是生燕饗；藁梩瓦棺，是生喪葬；儷皮緇布，是生婚冠。皇造帝秩，三王彌文。一文一質，蓋本于忠。變通革弊，與時宜之。唯聖人爲能通其意。執理者膠瑟聚訟，不適人情；徇情者稊稗綿蕝，不中天理。秦、漢而降，君子無取焉。

遼本朝鮮故壤，箕子八條之教，流風遺俗，蓋有存者。自其上世，緣情制宜，隱然有尚質之風。遥輦胡剌可汗制祭山儀，蘇可汗制瑟瑟儀，阻午可汗制柴册、再生儀。其情朴，其用儉。敬天恤災，施惠本孝，出於悃忱，殆有得於膠瑟聚訟之表者。太古之上，椎輪五禮，何以異兹。太宗克晉，稍用漢禮。

今國史院有金陳大任遼禮儀志，皆其國俗之故，又有遼朝雜禮，漢儀爲多。別得宣文閣所藏耶律儼志，視大任爲加詳。存其略，著于篇。

吉儀

祭山儀：設天神、地祇位于木葉山，東鄉；中立君樹，前植羣樹，以像朝班；又偶植二樹，以爲神門。皇帝、皇后至，夷离畢具禮儀。牲用赭白馬、玄牛、赤白羊，皆牡。僕臣曰旗鼓拽剌，殺牲，體割，懸之君樹。太巫以酒酹牲。禮官曰敵烈麻都，奏「儀辦」。皇帝服金文金冠，白綾袍，絳帶，懸魚，三山絳垂飾犀玉刀錯，絡縫烏靴。皇后御絳帓，絡縫紅袍，懸玉佩，雙結帕，絡縫烏靴。皇帝、皇后御鞍馬。羣臣在南，命婦在北，服從各部旗幟之色以從。皇帝、皇后至君樹前下馬，升南壇御榻坐。羣臣、命婦分班，以次入就位；合班，拜訖，復位。皇帝、皇后詣天神、地祇位，致奠；閤門使讀祝訖，復位坐。北府宰相及惕隱以次致奠于君樹，徧及羣樹。樂作。羣臣、命婦退。皇帝率孟父、仲父、季父之族，三匝神門樹；餘族七匝。皇帝、皇后再拜，在位者皆再拜。上香，再拜如初。皇帝、皇后升壇，御龍文方茵坐。再聲警，詣祭東所，羣臣、命婦從，班列如初。巫衣白衣，惕隱以素巾拜而冠之。巫三致辭。每致辭，皇帝、皇后一拜，在位者皆一拜。皇帝、皇后各舉酒二爵，肉二器，再奠。大臣、命婦右持酒，左持肉各一器，少後立，一奠。命惕隱東向擲之。皇帝、皇后六拜，在位者皆六拜。皇帝、皇后復位，坐。命中丞奉茶果、餅餌各二器，奠于天神、地祇位。執事郎君二十人持福酒、胙肉，詣皇帝、皇后前。太巫奠酹訖，皇帝、皇后再拜，在位者皆再拜。皇帝、皇后一拜，飲福，受胙，復位，坐。在位者以次飲。皇帝、皇后率羣臣復班位，再拜。聲蹕，一拜。退。

太宗幸幽州大悲閣，遷白衣觀音像[一]，建廟木葉山，尊爲家神。於拜山儀過樹之後，增「詣菩薩堂儀」一節，然後拜神，非胡剌可汗之故也。興宗先有事于菩薩堂及木葉山遼河神，然後行拜山儀，冠服、節文多所變更，後因以爲常。神主樹木，懸牲告辦，班位奠祝，致嘏飲福，往往暗合于禮。天理人情，放諸四海而準，信矣夫。興宗更制，不能正以經術，無以大過於昔，故不載。

瑟瑟儀：若旱，擇吉日行瑟瑟儀以祈雨。前期，置百柱天棚。及期，皇帝致奠于先帝御容，乃射柳。皇帝再射，親王、宰執以次各一射。中柳者質誌柳者冠服，不中者以冠服質之。不勝者進飲於勝者，然後各歸其冠服。又翼日，植柳天棚之東南，巫以酒醴、黍稷薦植柳，祝之。皇帝、皇后祭東方畢，子弟射柳。皇族、國舅、羣臣與禮者，賜物有差。既三日雨，則賜敵烈麻都馬四疋、衣四襲；否則以水沃之。

道宗清寧元年，皇帝射柳訖，詣風師壇，再拜。

柴册儀：擇吉日。前期，置柴册殿及壇。壇之制，厚積薪，以木爲三級壇，置其上。席百尺氈，龍文方茵。又置再生、母后搜索之室。皇帝入再生室，行再生儀畢，八部之叟前導後扈，左右扶翼皇帝册殿之東北隅。拜日畢，乘馬，選外戚之老者御。皇帝疾馳，仆，御者、從者以氈覆之。皇帝詣高阜地，大臣、諸部帥列儀仗，遥望以拜。皇帝遣使敕曰：「先帝升遐，有伯叔父兄在，當選賢者。沖人不德，何以爲謀？」羣臣對曰：「臣等以先帝厚恩，陛下明德，咸願盡心，敢有他圖。」皇帝令曰：「必從汝等所願，我將信明賞罰。爾有功，陟而任之；爾有罪，黜而棄之。若聽朕命，則當謨之。」僉曰：「唯帝命是從。」皇帝于所識之地，封土石以誌之。遂行。拜先帝御容，宴饗羣臣。翼日，皇帝出册殿，護衛太保扶翼升壇。奉七廟神主置龍文方茵。北、南府宰相率羣臣圜立，各舉氈邊，贊祝訖，樞密使奉玉寶、玉册入。有司讀册訖，樞密使稱尊號以進，羣臣三稱「萬歲」，皆拜。宰相、北南院大王、諸部帥進赭、白羊各一羣。皇帝更衣，拜諸帝御容。遂宴羣臣，賜賚各有差。

拜日儀：皇帝升露臺，設褥，向日再拜，上香。門使通，閤使或副、應拜臣僚殿左右階陪位，再拜。皇帝昇坐。奏牓訖，北班起居畢，時相已下通名再拜，不出班，奏「聖躬萬福」，又再拜，各祇候。宣徽已下横班同。諸司、閤門、北面先奏事，餘同。教坊與臣僚同。

告廟儀：至日，臣僚昧爽朝服，詣太祖廟。次引臣僚合班，先見御容，再拜畢，引班首左上，至褥位，再拜。贊上香，揖欄内上香畢，復褥位，再拜。各祇候立定。左右舉告廟祝版，於御容前跪捧。中書舍人俛跪，讀訖，俛興，退。引班首左下，復位，又再拜。分引上殿，次第進酒三。分班引出。

謁廟儀：至日昧爽，南北臣僚各具朝服，赴廟。車駕至，臣僚於門外依位序立，望駕鞠躬。班首不出班，奏「聖躬萬福」。舍人贊各祇候畢，皇帝降車，分引南北臣僚左右入，至丹墀褥位。合班定，皇帝升露臺褥位。宣徽贊皇帝再拜，殿上下臣僚陪位皆再拜。上香畢，退，復位，再拜。分引臣僚左右上殿位立，進御容酒依常禮。若即退，再拜。舍人贊「好去」，引退。禮畢。

告廟、謁廟，皆曰拜容。以先帝、先后生辰及忌辰行禮，自太宗始也。其後正旦、皇帝生辰、諸節辰皆行之。若忌辰及車駕行幸，亦嘗遣使行禮。凡瑟瑟、柴册、再生、納后則親行之。凡柴册、親征則告，幸諸京則謁。四時有薦新。

孟冬朔拜陵儀：有司設酒饌于山陵。皇帝、皇后駕至，敵烈麻都奏「儀辦」。閤門使贊皇帝、皇后詣位四拜訖，巫贊祝燔胙及時服，酹酒薦牲。大臣、命婦以次燔胙，四拜。皇帝、皇后率羣臣、命婦，循諸陵各三匝。還宮。翼日，羣臣入謝。

爇節儀：皇帝即位，凡征伐叛國俘掠人民，或臣下進獻人口，或犯罪沒官户，皇帝親覽閒田，建州縣以居之，設官治其事。及帝崩，所置人户、府庫、錢粟，穹廬中置小氈殿，帝及后妃皆鑄金像納焉。節辰、忌日、朔望，皆致祭于穹廬之前。又築土爲臺，高丈餘，置大盤于上，祭酒食撤於其中，焚之，國俗謂之「爇節」。

歲除儀：初夕，敕使及夷离畢率執事郎君至殿前，以鹽及羊膏置爐中燎之。巫及大巫以次贊祝火神訖，閤門使贊皇帝面火再拜。

初，皇帝皆親拜，至道宗始命夷离畢拜之。

校勘記

〔一〕太宗幸幽州大悲閣遷白衣觀音像　「太宗」，原作「太祖」，據本書卷三七地理志一永州興王寺遷白衣觀音像事改。參見卷三七校勘記〔三二〕。

遼史卷五十

志第十九

禮志二

凶儀

喪葬儀：聖宗崩，興宗哭臨于菆塗殿。大行之夕，四鼓終，皇帝率羣臣入，柩前三致奠。奉柩出殿之西北門，就轀輬車，藉以素裀。巫者祓除之。詰旦，發引，至祭所，凡五致奠。太巫祈禳。皇族、外戚、大臣、諸京官以次致祭。乃以衣、弓矢、鞍勒、圖畫、馬駝、儀衛等物皆燔之。至山陵，葬畢，上哀册。皇帝御幄，命改火，面火致奠，三拜。又東向，再拜天地訖，乘馬，率送葬者過神門之木乃下，東向又再拜。翼日詰旦，率羣臣、命婦詣山陵，行初奠之禮。升御容殿，受遺賜〔一〕。又翼日，再奠如初。興宗崩，道宗親擇地以葬。

道宗崩，菆塗于遊仙殿〔二〕。有司奉喪服，天祚皇帝問禮于總知翰林院事耶律固，始服斬衰；皇族、外戚、使相、矮墩官及郎君服如之〔三〕；餘官及承應人皆白枲衣巾以入，哭臨。惕隱、三父房、南府宰相、遥輦常衮、九奚首郎君、夷离畢、國舅詳穩、十閘撒郎君、南院大王、郎君，各以次薦奠，進鞍馬、衣襲、犀玉帶等物，表列其數。讀訖，焚表。諸國所賻器服，親王、諸京留守奠祭、進賻物亦如之。先帝小斂前一日，皇帝喪服上香，奠酒，哭臨。其夜，北院樞密使、契丹行宫都部署入，小斂。翼日，遣北院樞密副使、林牙，以所賵器服，置之幽宫。靈柩升車，親王推之，至食羖之次。蓋遼國舊俗，於此刑羖羊以祭。皇族、外戚、諸京州官以次致祭。至葬所，靈柩降車，就轝，皇帝免喪服，步引至長福岡。是夕，皇帝入陵寢，授遺物于皇族、外戚及諸大臣，乃出。命以先帝寢幄，過於陵前神門之木。帝不親往，遣近侍冠服赴之。初奠，皇帝、皇后率皇族、外戚、使相、節度使、夫人以上命婦皆拜祭，循陵三匝而降。再奠，如初。辭陵而還。

上謚册儀：先一日，於菆塗殿西廊設御幄并臣僚幕次。太樂令展宫懸於殿庭，協律郎設舉麾位。至日，北、南面臣僚朝服，昧爽赴菆塗殿。先置册、寶案于西廊下。閤使引皇帝至御幄，服寬衣皂帶。臣僚班齊，分班引入，嚮殿合班立定。引册案上殿至褥位，寶案次之，設於西階。閤使引皇帝自西階升殿。初行，樂作；至位立，樂止。宣徽使揖皇帝鞠躬再拜，陪位者皆再拜。翰林使執臺琖以進，皇帝再拜。引至神座前，跪，奠三，樂作；進奠訖，復位，樂止。又再拜，陪位者皆再拜。引皇帝于神座前，北面立。捧册函者去蓋，進前跪。册案退，置殿西壁下。引讀册者進前，俛伏跪，自通全銜臣讀謚册。讀訖，俛伏興，復位。捧册函者置于案上。捧寶函者進前跪，讀寶官通銜跪讀訖，引皇帝至褥位再拜，陪位者皆再拜。禮畢，引皇帝歸御幄。初行，樂作；至御幄，樂止。引臣僚分班出。若皇太后奠酒，依常儀。

忌辰儀：先一日，奏忌辰榜子，預寫名紙。大紙一幅，用陰面後第三行書「文武百僚宰臣某以下謹詣西上閤門進名奉慰」。至日，應拜大小臣僚並皂衣、皂鞓帶，四鼓至時，於幕次前，在京於僧寺，班齊，依位望闕敍立。直日舍人跪右，執名紙在前，班首以下皆再拜。引退。名紙於宣徽使面付内侍奏聞。

宋使祭奠弔慰儀：太皇太后至菆塗殿，服喪服。太后於北間南面垂簾坐，皇帝於南間北面坐。宋使至幕次，宣賜素服、皂帶。更衣訖，引南北臣僚入班，立定。可矮墩以下，並上殿依位立。先引祭奠使副捧祭文南洞門入，殿上下臣僚並舉哀，至丹墀立定。西上閤門使自南階下，受祭文，上殿啓封，置於香案，哭止。祭奠禮物列殿前。引使副南階上殿，至褥位立，揖再拜。引大使近前上香，退，再拜。大使近前跪，捧臺琖，進奠酒三，教坊奏樂，退，再拜。揖中書二舍人跪捧祭文，引大使近前俛伏跪，讀訖，舉哀。引使副下殿立定，哭止。禮物擔牀出畢，引使副近南，面北立。勾弔慰使副南洞門入。四使同見大行皇帝靈，再拜。引出，歸幕次。皇太后別殿坐，服喪服。先引北南面臣僚並於殿上下依位立，弔慰使副捧書匣右入，當殿立。閤門使右下殿受書匣，上殿奏「封全」。開讀訖，引使副南階上殿，傳達弔慰訖，退，下殿立。引禮物擔牀過畢，引使副近南，北面立。勾祭奠使副入。四使同見，鞠躬，再拜。不出班，奏「聖躬萬福」，再拜。出班，謝面天顏，又再拜，立定。宣徽傳聖旨撫問，就位謝，再拜。引出，歸幕次。皇帝御南殿，服喪服。使副入見，如見皇太后儀，加謝遠接、撫問、湯藥，再拜。次宣賜使副并從人，祭奠使副別賜讀祭文例物。即日就館賜宴。高麗、夏國奉弔、進賻等使禮，略如之。道宗崩，天祚皇帝問禮于耶律固。宋國遣使弔及致祭、歸賵，皇帝喪服，御遊仙之北別殿。使入門，皇帝哭。使者詣柩前上香，讀祭文訖，又哭。有司讀遺詔，慟哭。使者出，少頃，復入，陳賻賵于柩前，皇帝入臨哭。退，更衣，御遊仙殿南之幄殿。使者入見且辭，敕有司賜宴於館。

宋使告哀儀：皇帝素冠服，臣僚皂袍、皂鞓帶。宋使奉書右入，丹墀内立。西上閤門使右階下殿，受書匣，上殿，欄内鞠躬，奏「封全」。開封，於殿西案授宰相讀訖，皇帝舉哀。舍人引使者右階上，欄内俛跪，附奏起居訖，俛興，立。皇帝宣問「南朝皇帝聖躬萬福」，使者跪奏「來時皇帝聖躬萬福」，起，退。舍人引使者右階下殿，於丹墀西，面東鞠躬。通事舍人通使者名某祗候見，再拜。不出班，奏「聖躬萬福」，再拜。出班，謝面天顏，再拜。又出班，謝遠接、撫問、湯藥，再拜。贊祗候，引出，就幕次，宣賜衣物。引從人入，通名拜，奏「聖躬萬福」，出就幕，賜衣，如使者之儀。又引使者入，面殿鞠躬，贊謝恩。再贊「有敕賜宴」，再拜。贊祗候，出就幕次宴。引從人謝恩，拜，敕賜宴，皆如初。宴畢，歸館。

宋使進遺留禮物儀：百官昧爽朝服，殿前班立。宋遺留使、告登位使副入內門，館伴副使引謝登位使就幕次坐〔四〕。館伴大使與遺留使副奉書入，至西上閤門外氈位立。閤使受書匣，置殿西階下案。引進使引遺留物於西上閤門入，即於廊下横門出。皇帝昇殿坐。宣徽使押殿前班起居畢，引宰臣押文武班起居，引中書令西階上殿，奏宋使見牓子。契丹臣僚起居，控鶴官起居。遺留使副西上閤門入，面殿立。舍人引使副西階上殿，附奏起居訖，引西階下殿，於丹墀東，西面鞠躬，通名奏「聖躬萬福」，如告哀使之儀。謝面天顏，謝遠接、撫問、湯藥。引遺留使從人見亦如之。次引告登位使副奉書匣，於東上閤門入，面殿立。閤使東階下殿，受書匣。中書令讀訖，舍人引使副東階上殿，附奏起居。引下殿，南面立。告登位禮物入，即於廊下横門出。退，西面鞠躬，附奏起居，謝面天顏、遠接等，皆如遺留使之儀。宣賜遺留、登位兩使副併從人衣物，如告哀使。應坐臣僚皆上殿就位立，分引兩使副等於兩廊立。皇帝問使副「衝涉不易」，丹墀内五拜。各引上殿祗候位立。大臣進酒，皇帝飲酒。契丹通，漢人贊，殿上臣僚皆拜，稱「萬歲」。贊各就坐，行酒殽、茶饍、饅頭畢，從人出。水飯畢，臣僚皆起。契丹通，漢人贊，皆再拜，稱「萬歲」。各祗候。獨引宋使副下殿謝，五拜。引出。控鶴官門外祗候，報閤門無事，供奉官捲班出。

高麗、夏國告終儀：先期，於行宮左右下御帳，設使客幕次於東南。至日，北面臣僚各常服，其餘臣僚並朝服，入朝。使者至幕次，有司以嗣子表狀先呈樞密院，准備奏呈。先引北面臣僚并矮墩已上近御帳，相對立，其餘臣僚依班位序立。引告終人使右入，至丹墀，面殿立。引右上，立；揖少前，拜，跪奏訖，宣問。若嗣子已立，恭身受聖旨。奏訖，復位。嗣子未立，不宣問。引右下丹墀，面北鞠躬。通班畢，引面殿再拜。不出班，奏「聖躬萬福」，再拜。出班，謝面天顏，復位，再拜。出班，謝遠接，復位，再拜。贊祗候，退就幕次。再入，依前面北鞠躬，通辭，再拜；敍戀闕，再拜。贊「好去」。禮畢。

校勘記

〔一〕「翼日」至「受遺賜」　據本書卷一八興宗紀一，景福元年十一月甲午葬聖宗，丙申始以遺物賜羣臣。

〔二〕道宗崩葴塗于遊仙殿　「遊仙殿」，道宗哀册作「僊遊殿」。

〔三〕皇族外戚使相矮墩官及郎君服如之　「墩」，原作「敦」，據本書卷一一六國語解高墩條改。以下徑改。

〔四〕宋遺留使告登位使副入内門館伴副使引謝登位使就幕次坐　「遺留使」、「謝登位使」，按之上下文應作「遺留使副」、「謝登位使副」。

遼史卷五十一

志第二十

禮志三

軍儀

皇帝親征儀：常以秋冬，應敵制變或無時。將出師，必先告廟。乃立三神主祭之：曰先帝，曰道路，曰軍旅。刑青牛白馬以祭天地。其祭，常依獨樹；無獨樹，即所舍而行之。或皇帝服介冑，祭諸先帝宮廟，乃閱兵。將行，牝牡麃各一爲禡祭。將臨敵，結馬尾，祈拜天地而後入。下城克敵，祭天地，牲以白黑羊。班師，以所獲牡馬、牛各一祭天地。出師以死囚，還師以一諜者，植柱縛其上，于所向之方亂射之，矢集如蝟，謂之「射鬼箭」。

臘儀：臘，十二月辰日。前期一日，詔司獵官選獵地。其日，皇帝、皇后焚香拜日畢，設圍，命獵夫張左右翼。司獵官奏成列，皇帝、皇后升轝，敵烈麻都以酒二尊、盤飧奉進，北南院大王以下進馬及衣。皇帝降輿，祭東畢，乘馬入圍中。皇太子、親王率羣官進酒，分兩翼而行。皇帝始獲兔，羣臣進酒上壽，各賜以酒。至中食之次，親王、大臣各進所獲。及酒訖，賜羣臣飲，還宮。應曆元年冬，漢遣使來賀，自是遂以爲常儀。統和中，罷之。

出軍儀：制見兵志。

禮志四

賓儀

常朝起居儀：昧爽，臣僚朝服入朝，各依幕次。内侍奏「班齊」。先引京官班於三門外，當直舍人放起居，再拜，各祇候。次依兩府以下文武官，於丹墀内面殿立，竪班諸司并供奉官，於東西道外相向立定。當直閤使副贊放起居，再拜，各祇候。退還幕次，公服。帝昇殿坐，兩府并京官丹墀内聲喏，各祇候。教坊司同。北班起居畢，奏事。

燕京嘉寧殿，西京同文殿。朝服，幞頭、袍笏；公服，紫衫、帽。

正座儀：皇帝升殿坐，警聲絶。契丹、漢人殿前班畢，各依位侍立。次教坊班畢，捲退。京官班入拜畢，揖於右横街西，依位班立。次武班入拜畢，依位立。文班入拜畢，依位立。北班入，起居畢，於左横街東，序班立。次兩府班入，鞠躬，通宰臣某官已下起居，拜畢，引上殿奏事。

已上六班起居，並七拜。内有不帶節度使，班首止通名，亦七拜。捲班，與常朝同。直院有旨入文班。留守司、三司、統軍司、制置司謂之京官；都部署司、宫使、副宫使，都承以下令史，北面主事以下隨駕諸司爲武官；舘、閣、大理寺，堂後以下，御史臺、隨駕閑員、令史、司天臺、翰林醫官院爲文官。

天慶二年冬，教坊並服袍。

臣僚接見儀：皇帝御座，奏見牓子畢，臣僚左入，鞠躬。通文武百僚宰臣某官以下祗候見。引面殿鞠躬，起居，凡七拜。引班首出班，謝面天顔，復位。舞蹈，五拜，鞠躬。宣答問制，再拜。宣訖，謝宣諭，五拜。各祗候畢，可矮墩以上引近前，問「聖躬萬福」。傳宣問「跋涉不易」，鞠躬。引班舍人贊各祗候畢，引右上，准備宣問。其餘臣僚並於右侍立。

宣答云：「卿等久居鄉邑，來奉乘輿。時屬霜寒——或云炎蒸，諒多勞止。卿各平安好。想宜知悉。」

問聖體儀：皇帝行幸，車駕至捺鉢，坐御帳。臣僚公服，問「聖躬萬福」。贊再拜，各祇候。奏事。宣徽以下常服，教坊與臣僚同。

保大元年夏，特旨通名再拜，不稱宰臣。

車駕還京儀：前期一日，宣徽以下横班、諸司、閤門並公服，於宿帳祇候。至日詰旦，皇帝乘玉輅，閤門宣諭軍民訖，導駕。時相以下進至內門，閤副勘箭畢〔一〕，通事舍人鞠躬，奏「臣宣放仗」。禮畢。

勘箭儀：皇帝乘玉輅，至內門。北南臣僚於輅前對班立。勘箭官執雌箭〔二〕，門中立。東上閤門使詣車前，執雄箭在車左立〔三〕，勾勘箭官進。勘箭官揖進，至車約五步，面車立。閤使言「受箭行勘」。勘箭官拜跪，受箭；舉手勘訖，鞠躬，奏「內外勘同」。閤使言「准敕行勘」。勘箭官平立，退至門中舊位立，當胸執箭，贊「軍將門仗官近前」。門仗官應聲開門，舉聲兩邊齊出，並列左右，立。勘箭官舉右手贊「呈箭」，次贊「內出喚仗御箭一隻，准敕付左金吾仗行勘」。贊「合不合」，應「合、合、合」，贊「同不同」，應「同、同、同」訖。勘箭官再進，依位立，鞠躬，自通全銜臣某對御勘箭同，退門中立。贊「其箭謹付閤門使進入」。事畢，其箭授閤使，轉付宣徽。

宋使見皇太后儀：宋使賀生辰、正旦。至日，臣僚昧爽入朝，使者至幕次。臣僚班齊，皇太后御殿坐。宣徽使押殿前班起居畢，捲班。次契丹臣僚班起居畢，引應坐臣僚上殿，就位立；其餘臣僚不應坐者，退於東面侍立。漢人臣僚東洞門入，面西鞠躬。舍人鞠躬，通某以下起居，凡七拜畢，贊各祗候。引應坐臣僚上殿，就位立。中書令、大王西階上殿，奏宋使并從人牓子訖，就位立。其餘臣僚不應坐者，退於西面侍立。次引宋使副六人於東洞門入，丹墀內面殿齊立。閤使自東階下，受書匣，使人捧書匣者皆跪，閤使搢笏立，受書匣。自東階上殿，欄內鞠躬，奏「封全」訖，授樞密開封。宰臣對皇太后讀訖，引使副六人東階上殿，欄內立。使者揖生辰節大使少前〔四〕，使者俛伏跪，附起居訖，起，復位立。次引賀皇太后正旦大使，附起居，如前儀。皇太后宣問「南朝皇帝聖躬萬福」，舍人揖生辰大使并皇太后正旦大使少前，皆跪，唯生辰大使奏「來時聖躬萬福」，皆俛伏，興。引東階下殿，丹墀內面殿齊立。引進使引禮物於西洞門入，殿前置擔牀。控鶴官起居，四拜，擔牀於東便門出畢，揖使副退於東方，西面，皆鞠躬。舍人鞠躬，通南朝國信使某官某以下祗候見，舞蹈，五拜畢；不出班，奏「聖躬萬福」，再拜；揖班首出班，謝面天顏訖，復位，舞蹈，五拜畢，贊各上殿祗候，引各使副西階上殿就位。勾從人兩洞門入，面殿鞠躬，通名，贊拜，起居，四拜畢，贊各祗候，分班引兩洞門出。若宣問使副「跋涉不易」，引西階下殿，丹墀內舞蹈，五拜畢，贊各上殿祗候，引西階上殿，就位立。契丹舍人、漢人閤使齊贊拜，應坐臣僚并使副皆拜，稱「萬歲」。贊各就坐，行湯、行茶。供過人出殿門，揖臣僚并使副起，鞠躬。契丹舍人、漢人閤使齊贊，皆拜，稱「萬歲」。贊各祗候。先引宋使副西階下殿，西洞門出，次揖臣僚出畢，報閤門無事。皇太后起。

宋使見皇帝儀：宋使賀生辰、正旦。至日，臣僚昧爽入朝，使者至幕次。奏「班齊」，聲警，皇帝升殿坐。宣徽使押殿前班起居畢，捲班出。契丹臣僚班起居畢，引應坐臣僚上殿，就位立；其餘臣僚不應坐者，並退於北面侍立。次引漢人臣僚北洞門入，面殿鞠躬。舍人鞠躬，通某官某以下起居，皆七拜畢，引應坐臣僚上殿，就位立。引首相南階上殿，奏宋使并從人牓子，就位立。臣僚並退於南面侍立。教坊入，起居畢，引南使副北洞門入，丹墀内面殿立。閤使北階下殿，受書匣，使人捧書匣者跪，閤使搢笏立，受。於北階上殿，欄内鞠躬，奏「封全」訖，授樞密開封。宰相對皇帝讀訖，舍人引使副北階上殿，欄内立。揖生辰大使少前，俛伏跪，附起居。俛伏興，復位立。大使俛伏跪，奏訖，俛伏興，退；引北階下殿，揖使副北方，南面鞠躬。舍人鞠躬，通南朝國信使某官某以下祗候見，起居，七拜畢；揖班首出班，謝面天顔，舞蹈，五拜畢；出班，謝遠接、御筵、撫問、湯藥，舞蹈，五拜畢，贊各祗候。引出，歸幕次。閤使傳宣賜對衣、金帶。勾從人以下入見。舍人贊班首姓名以下，再拜；不出班，奏「聖躬萬福」，贊再拜，稱「萬歲」。贊各祗候。引出。舍人傳宣賜衣。使副并從人服賜衣畢，舍人引使副入，丹墀内面殿鞠躬。舍人贊謝恩，拜，舞蹈，五拜畢，贊上殿祗候。引使副南階上殿，就位立。勾從人入，贊謝恩，拜，稱「萬歲」。贊「有敕賜宴」，再拜，稱「萬歲」。贊各祗候。承受官引北廊下立。御牀入，大臣進酒，皇帝飲酒。契丹舍人、漢人閤使齊贊拜，應坐并侍立臣僚皆拜，稱「萬歲」。贊各祗候。卒飲，贊拜，應坐臣僚皆拜，稱「萬歲」。贊各就坐行酒，親王、使相、使副共樂曲。若宣令飲盡，並起立飲訖。放琖，就位謝。贊拜，並隨拜，稱「萬歲」。贊各就坐。次行方茵地坐臣僚等官酒。若宣令飲盡，贊謝如初。殿上酒一行畢，贊廊下從人拜，稱「萬歲」。贊各就坐。若傳宣令飲盡，並拜，稱「萬歲」。贊各就坐。殿上酒三行，行茶、行殽、行饍。酒五行，候曲終，揖廊下從人起，贊拜，稱「萬歲」。贊各祗候，引出。曲破，臣僚并使副並起，鞠躬。贊拜，應坐臣僚并使副皆拜，稱「萬歲」。贊各祗候。引使副南階下殿，丹墀內舞蹈，五拜畢，贊各祗候。引出。次引衆臣僚下殿出畢，報閤門無事。皇帝起，聲蹕。

曲宴宋使儀：昧爽，臣僚入朝，宋使至幕次。皇帝升殿，殿前、教坊、契丹文武班，皆如初見之儀。宋使副綴翰林學士班，東洞門入，面西鞠躬。舍人鞠躬，通文武百僚臣某以下起居，七拜。謝宣召赴宴，致詞訖，舞蹈，五拜畢，贊各上殿祗候。舍人引大臣、使相、臣僚、使副及方茵、朵殿應坐臣僚並於西階上殿，就位立；其餘不應坐臣僚並於西洞門出。入勾從人入，起居，謝賜宴，兩廊立，如初見之儀。二人監琖，教坊再拜，贊各上殿祗候。入御牀，大臣進酒。舍人、閤使贊拜、行酒，皆如初見之儀。次行方茵、朶殿臣僚酒，傳宣飲盡，如常儀。殿上酒一行畢，兩廊從人行酒如初。殿上行餅茶畢，教坊致語，揖臣僚、使副并廊下從人皆起立，候口號絶，揖臣僚等皆鞠躬。贊拜，殿上應坐并侍立臣僚皆拜，稱「萬歲」。贊各就坐。次贊廊下從人拜，亦如之。歇宴，揖臣僚起立，御牀出，皇帝起，入閤。引臣僚東西階下殿，還幕次内賜花。承受官引從人出，賜花，亦如之。簪花畢，引從人復兩廊位立。次引臣僚、使副兩洞門入，復殿上位立。皇帝出閤，復坐。御牀入，揖應坐臣僚、使副及侍立臣僚鞠躬。贊拜，稱「萬歲」，贊各就坐。贊兩廊從人，亦如之。行單茶，行酒，行膳，行果。殿上酒九行，使相樂曲聲絶，揖兩廊從人起，贊拜，稱「萬歲」，贊「各好去」，承受引出。曲破，殿上臣僚、使副皆起立，贊拜，稱「萬歲」。贊各祗候。引臣僚、使副東西階下殿。契丹班謝宴出，漢人并使副班謝宴，舞蹈，五拜畢，贊「各好去」。引出畢，報閤門無事。皇帝起。

賀生辰正旦宋使朝辭太后儀：臣僚、使副班齊，如曲宴儀。皇太后升殿坐，殿前契丹文武起居、上殿畢。宰臣奏宋使副、從人朝辭牓子畢，就位立。舍人引使副北洞門入，面南鞠躬。舍人鞠躬，通南朝國信使某官某以下祗候辭，再拜；不出班，奏「聖躬萬福」，再拜；出班，戀闕致詞訖，又再拜。贊各上殿祗候。舍人引南階上殿，就位立。引從人，贊姓名，再拜；奏「聖躬萬福」，再拜，稱「萬歲」。贊「各好去」，引出。殿上揖應坐臣僚并使副就位鞠躬。贊拜，稱「萬歲」。贊各就坐。行湯、行茶畢，揖臣僚并南使起立，與應坐臣僚鞠躬。贊拜，稱「萬歲」。贊各祗候，立。引使副六人於欄内拜跪，受書匣畢，直起立，揖少前，鞠躬，受傳答語訖，退。於北階下殿，丹墀内面殿鞠躬。舍人贊「各好去」，引出。臣僚出。

賀生辰正旦宋使朝辭皇帝儀：臣僚入朝如常儀，宋使至幕次。於外賜從人衣物。皇帝升殿，宣徽、契丹文武班起居、上殿，如曲宴儀。中書令奏宋使副并從人朝辭牓子畢，臣僚並於南面侍立。教坊起居畢，舍人引使副六人北洞門入，丹墀北方，面南鞠躬。舍人鞠躬，通南朝國信使某官某以下祗候辭，再拜；起居，戀闕，如辭皇太后儀。贊各祗候，平身立。揖使副鞠躬。宣徽贊「有敕」，使副再拜，鞠躬，平身立。宣徽使贊「各賜卿對衣、金帶、疋段、弓箭、鞍馬等，想宜知悉」，使副平身立。揖大使三人少前，俛伏跪，搢笏，閤門使授别録。賜物過畢，俛起，復位立。揖副使三人受賜，亦如之。贊謝恩，舞蹈，五拜。贊上殿祗候，舍人引使副南階上殿，就位立。引從人，贊謝恩，再拜；起居，再拜；贊賜宴，再拜；皆稱「萬歲」。贊各祗候，承受引兩廊立。御牀入，皇帝飲酒，舍人、閤使贊臣僚、使副拜，稱「萬歲」，皆如曲宴。應坐臣僚拜，稱「萬歲」。就坐、行酒、樂曲，方茵、兩廊皆如之」，行殽、行茶、行饍亦如之。行饅頭畢，從人起，如登位使之儀。曲破，臣僚、使副皆起立，拜，稱「萬歲」，如辭太后之儀。使副下殿，舞蹈，五拜。贊各上殿祗候，引北階上殿，欄內立。揖生辰、正旦大使二人少前，齊跪，受書畢，起立，揖磬折受起居畢，退。引北階下殿，丹墀內並鞠躬。舍人贊「各好去」，引南洞門出。次引殿上臣僚南北洞門出畢，報閤門無事。

高麗使入見儀：臣僚常服，起居，應上殿臣僚殿上序立。閤門奏牓子，引高麗使副面殿立。引上露臺拜跪，附奏起居訖，拜，起立。閤門傳宣「王詢安否」，使副皆跪，大使奏「臣等來時詢安」。引下殿，面殿立。進奉物入，列置殿前。控鶴官起居畢，引進使鞠躬，通高麗國王詢進奉。宣徽使殿上贊進奉赴庫，馬出，擔牀出畢，引使副退，面西鞠躬。舍人鞠躬，通高麗國謝恩進奉使某官某以下祗候見，舞蹈，五拜。不出班，奏「聖躬萬福」，再拜。出班，謝面天顏，五拜。出班，謝遠接、湯藥，五拜。贊各祗候。使副私獻入，列置殿前。控鶴官起居，引進使鞠躬，通高麗國謝恩進奉某官某以下進奉。宣徽使殿上贊如初。引使副西階上殿序立。皇帝不入御牀，臣僚伴酒。契丹舍人通，漢人閤使贊，再拜，稱「萬歲」，「各就坐」。酒三行，肴膳二味。若宣令飲盡，就位拜，稱「萬歲」，贊各就坐。肴膳不贊，起，再拜，稱「萬歲」。引下殿，舞蹈，五拜。贊各祗候。引出，於幕次內別差使臣伴宴。

起，宣賜衣物訖，遥謝，五拜畢，歸館。

曲宴高麗使儀：臣僚入朝，班齊，皇帝升殿。宣徽、教坊、控鶴、文武班起居，皆如常儀；謝宣宴，如宋使儀。贊各上殿祗候。契丹臣僚謝宣宴。勾高麗使入，面南鞠躬。舍人鞠躬，通高麗國謝恩進奉使某官某以下起居，謝宣宴，共十二拜。贊各上殿祗候，臣僚、使副就位立。大臣進酒，契丹舍人通，漢人閤使贊，上殿臣僚皆拜。贊各祗候，進酒。大臣復位立，贊應坐臣僚拜，贊各就坐行酒。若宣令飲盡，贊再拜，贊各就坐。教坊致語，臣僚皆起立。口號絶，贊再拜，贊各就坐。凡拜，皆稱「萬歲」。曲破，臣僚起，下殿。契丹臣僚謝宴，中書令以下謝宴畢，引使副謝，七拜。贊「各好去」。控鶴官門外祗候，報閤門無事。供奉官捲班出。來日問聖體。

高麗使朝辭儀：臣僚起居、上殿如常儀。閤門奏高麗使朝辭牓子，起居、戀闕，如宋使之儀。贊各上殿祗候，引西階上殿立。契丹舍人贊拜，稱「萬歲」。贊各就坐，中書令以下伴酒三行，肴饍二味，皆如初見之儀。既謝，贊「有敕宴」，五拜。贊「各好去」，引出，於幕次内别差使臣伴宴。畢，賜衣物，跪受，遥謝，五拜。歸館。

西夏國進奉使朝見儀：臣僚常朝畢，引使者左入，至丹墀，面殿立。引使者上露臺立。揖少前，拜跪，附奏起居訖，俛興，復位。閤使宣問「某安否」，鞠躬聽旨，跪奏「某安」。俛伏興，退，復位。引左下，至丹墀，面殿立。禮物右入左出，畢，閤使鞠躬，通某國進奉使姓名候見，共一十七拜。贊祗候，平立。有私獻，過畢，揖使者鞠躬，贊「進奉收訖」。贊祗候，引左上殿，就位立。臣僚、使者齊聲喏。酒三行，引使左下，至丹墀謝宴，五拜。畢，贊「有敕宴」，五拜。祗候，引右出。禮畢。於外賜宴，客省伴宴，仍賜衣物。

西夏使朝辭儀：常朝畢，引使者左入，通某國某使祗候辭，再拜。不出班，起居，再拜。出班，戀闕、致詞，復再拜。賜衣物，謝恩如常儀。若賜宴，五拜。畢，贊「好去」，引右出。

校勘記

〔一〕閤副勘箭畢　「箭」，原作「前」，據下文勘箭儀改。

〔二〕勘箭官執雌箭　「勘」，原作「場」，據上下文改。

〔三〕執雄箭在車左立　「執」，原作「諸」，據明鈔本、南監本、北監本、殿本改。

〔四〕使者揖生辰節大使少前　「使者」二字疑衍，或涉下文「使者俛伏跪」句致誤。

遼史卷五十二

志第二十一

禮志五

嘉儀上

皇帝受册儀：前期一日，尚舍奉御設幄於正殿北墉下，南面設御坐；奉禮郎設官僚、客使幕次於東西朝堂；太樂令設宮懸於殿庭，舉麾位在殿第二重西階上〔一〕，東向；乘黄令陳車輅；尚輦奉御陳輿輦；尚舍奉御設解劍席于東西階。設文官六品已上位横街南，東方西向；武官五品已上位横街南，西方東向。皆北上重行，每等異位。將士各勒所部六軍仗屯諸門。金吾仗、黄麾仗陳于殿庭。至日，押册官引册自西便門入，置册案西階上。通事舍人引侍從班入，就位。侍中東階下解劍履，上殿，欄外俛伏跪，奏「中嚴」；下殿，劍履，復位立。閤使西階上殿，欄外跪請木契；面殿鞠躬，奏「奉敕喚仗」。殿中監、少監、殿中丞等押金吾四色仗入，位臣僚後。協律郎入，就舉麾位。符寶郎詣閤奉迎。通事舍人引文官四品至六品、武官三品至五品，就門外位。皇帝御輦至宣德門。宣徽使押內諸司班起居，引皇帝至閤，服袞冕。侍中東階下解劍履，上殿，版奏「外辦」。太常博士引太常卿，太常卿引帝。內諸司出，協律郎舉麾，太樂令令撞黃鍾之鍾，左五鍾皆應〔三〕，工人鼓柷，樂作；皇帝即御坐，宣徽使贊扇合，樂止；贊簾捲，扇開。符寶郎奉寶進，左右金吾報平安。通事舍人引文官三品、武官二品已上入門，樂作；就相向位畢，樂止。通事舍人引侍從班、南班文官三品、武官二品已上合班，北向。東班西上，西班東上，起居，七拜。分班，各復位。通事舍人引押冊官押冊自西階下，至丹墀，當殿置香案冊案。置冊訖，樂作；就位，樂止。捧冊官近後，東西相對立。舍人引侍從班并南班合班，北向如初。贊再拜，在位者皆再拜；舞蹈，五拜。分班，各復位如初。捧冊官就西階下解劍席，解劍履，捧冊西階上殿，樂作；置冊御坐前，東西立，北向。捧冊官西墉下立，北上，樂止。讀冊官出班，當殿立，贊再拜，三呼「萬歲」。就西階下解劍席，解劍履，西階上殿，欄內立，當御坐前。侍中取冊，捧冊官捧冊匣至讀冊官前跪，相對捧冊。讀冊官俛伏跪，讀訖，俛伏興。捧冊官跪左膝，以冊授侍中。侍中受冊，以冊授執事者。降自西階，劍履訖，復當殿位。

贊再拜，三呼「萬歲」，復分班位。舍人引侍從班、南班合班，北向如初。贊拜，在位者皆拜，舞蹈、鞠躬如初。通事舍人引班首西階下解劍履，上殿，樂作；就欄内位，樂止。俛伏跪，通全銜臣某等致詞稱賀訖，俛伏興。降西階下，帶劍，納舄，樂作；復位，樂止。贊拜，在位者皆再拜，舞蹈，五拜，鞠躬。侍中臨軒西向，稱「有制」，皆再拜。侍中宣答訖，贊皆再拜，舞蹈，五拜，分班各復位。三品已上出，樂作；出門畢，樂止。侍中當御坐俛伏跪，通全銜奏「禮畢」，俛伏興。退，東階下殿，帶劍，納履，復位。宣徽使贊扇合，下簾。太常博士、太常卿引皇帝起，樂作；至閤，樂止。舍人引文官四品、武官三品以下出門外，分班立；次引侍從班出，次兵部、吏部出，次金吾出，次起居郎、舍人出，次殿中監、少監押金吾細仗出，仍位臣僚後。次東西上閤門使於丹墀内鞠躬，奏衙内無事，捲班出。閤門使丹墀内鞠躬，揖，奉敕放仗。出，門外文武班中間立，唤承受官。承受官聲喏，至閤使後，鞠躬，揖。閤使鞠躬，稱「奉敕放仗」。承受聲喏，鞠躬，揖，平身立，引聲「奉敕放仗」。聲絶，趨退。文武合班，再拜。舍人一員攝詞令官，殿前鞠躬，揖，稱「奉敕放黄麾仗」，出。放金吾仗亦如之。翼日，文武臣僚入問聖躬。

太平元年，行此儀，大略遵唐、晉舊儀。又有上契丹册儀，以阻午可汗柴册禮合唐禮雜就之。又有上漢册儀，與此儀大同小異，加以上寳儀。

冊皇太后儀：前期，陳設於元和殿如皇帝受冊之儀。至日，皇帝御弘政殿。冊入，侍從班入，門外金吾列仗，文武分班。侍中解劍，奏「中嚴」。宣徽使請木契、喚仗。皆如之。樂工入，閤使門外文武班中間立，喚承受官。聲喏，趨至閤使後立。閤使鞠躬，揖，稱「奉敕喚仗」。承受官鞠躬，聲喏，揖，引聲「奉敕喚仗」。文武合班，再拜。殿中監押仗入，文武班入，亦如之。宣徽使押內諸司供奉官天橋班候。皇太后御紫宸殿，乘平頭輦，童子、女童隊樂引。至金鑾門，閤使奏內諸司起居訖，贊引駕，自下先行至元和殿。皇太后入西北隅閤內更衣。侍中解劍，上殿奏「外辦」。宣徽受版入奏。侍中降，復位。協律郎舉麾，樂作。太樂令、太常卿導引皇太后升坐。宣徽使贊扇合，簾捲，扇開，樂止。符寶郎奉寶置皇太后坐右。左右金吾大將軍對揖，鞠躬，奏「軍國內外平安」。東上閤門副使引丞相東門入，西上閤門副使引親王西門入，通事舍人引文武班入，如儀，樂作；至位，樂止。文武班趨進，相向再拜，退復位。東西上閤門使、宣徽使自弘政殿引皇帝御肩輿至西便門下。引入門，樂作；至殿前位，樂止。宣徽使贊皇帝拜，問皇太后「聖躬萬福」，拜。皇帝御西閤坐，合班起居如儀。北府宰相押冊，中書、樞密令史八人舁冊，東西上閤門使引冊，宣徽使引皇帝送冊，樂作；至殿前置冊位，樂止。宣徽使贊皇帝再拜，稱「萬歲」，羣臣陪位，揖。翰林學士四人、大將軍四人舁冊。皇帝捧冊行，三舉武，授冊。舁之西階上殿，樂作；置太后坐前，樂止〔三〕。皇帝册西面東立。舍人引丞相當殿再拜，三呼「萬歲」，解劍，西階上殿，樂作；至讀册位，樂止。俛伏跪，讀册訖，俛伏，三呼「萬歲」〔四〕，復班位。宣徽使引皇帝下殿，樂作；至殿前位，樂止。皇帝拜，舞蹈，拜訖，引皇帝西堦上殿。至皇太后坐前位，俛跪；致詞訖，俛伏興。引西堦下，至殿前位，拜，舞蹈，拜，鞠躬。侍中臨軒，宣太后答稱「有制」，皇帝再拜。宣訖，引皇帝上殿，樂作；至西閤，樂止。丞相、親王、侍從、文武合班，贊拜，舞蹈，三呼「萬歲」如儀。丞相上賀，侍中宣答如儀。丞相以下出，舉樂；出門，樂止。侍中奏「禮畢」。宣徽索扇，扇合，下簾。皇太后起，舉樂；入閤，樂止。文武官出門外分班，侍從、兵部、吏部、起居、金吾仗出，如儀。閤使奏「放仗」，皆如皇帝受册之儀。

册皇后儀：至日，北南臣僚、内外命婦詣端拱殿幕次。皇后至閤，侍中奏「中嚴」，引命婦班入，就東西相向位立。皇帝臨軒，命使發册。使副押册至端拱殿門外幕次。侍中奏「外辦」。所司承旨索扇，扇上，舉麾，樂作；皇后出閤升坐，扇開，簾捲，偃麾，樂止。引命婦合班面殿起居，八拜。皇后降坐，樂作；至殿下褥位，樂止。引册入，置皇后褥位前。侍中傳宣，皇后四拜，命婦陪位皆拜。引讀册官至皇后褥位前，俛伏跪，讀訖，皇后四拜，陪位者皆拜。引皇后升殿。使臣引册，置皇后坐前册案，退，西向侍立。命婦當殿稱賀，四拜。引班首東階上殿，致詞訖，東階下殿，復位，四拜。侍中奏宣答，稱「有教旨」，四拜。宣答訖，四拜。班首上殿進酒，皇后賜押册使副等酒訖，侍中奏「禮畢」。承旨索扇，樂作；皇后起，入閤，樂止。分引命婦等東西門出。

册皇太子儀：前期一日，設幄坐于宣慶殿，設文武官幕次于朝堂，并殿庭板位，太樂令陳宮縣，皆如皇帝受册儀。守宮設皇太子次于朝堂北，西向；乘黄令陳金輅朝堂門外，西向；皇太子儀仗、笳簫、鼓吹等陳宣慶門外；典儀設皇太子板位于殿横街南，近東北向；設文武官五品以上位於樂縣東西；餘官如常儀。至日，門下侍郎奉册，中書侍郎奉寶綬，各置于案。令史二人絳服，對舉案立。寶案在横街北西向，册案在北。門下侍郎、中書侍郎並立案後。侍中板奏「中嚴」。皇太子遠遊冠，絳紗袍，秉珪出。太子舍人引入，就板位北面殿立。東宫官三師以下皆從，立皇太子東南，西向。太子入門，樂作；至位，樂止。典儀贊皇太子再拜，在位者皆再拜。中書令立太子東北，西向，門下侍郎引册案，中書侍郎取册，進授中書令，退復位。傳宣官稱「有制」，皇太子再拜。傳宣訖，再拜。中書令跪讀册訖，俛伏興。皇太子再拜，受册，退授左庶子。中書侍郎取寶，進授中書令。皇太子進受寶，退授左庶子。中書令以下退，復位。舁案者以案退。典儀贊再拜，皇太子拜，在位者皆再拜。太子舍人引皇太子退，樂作；出門，樂止。侍中奏「禮畢」。皇太子升金輅，左庶子以下夾侍，儀仗、鼓吹等並列宣慶門外，三師、三少諸宮臣於金輅前後導從，鳴鐃而行，還東宮。宮庭先設仗衞如式，至宮門，鐃止。皇太子降金輅，舍人引入就位坐，文武宮臣序班稱賀。禮畢。

册王妃公主儀：至日，押册使副并讀册等官押册東便門入，持節前導至殿。册案置橫街北少東。引使副等面殿立而鞠躬。侍中臨軒稱「有制」，皆再拜，鞠躬。宣制訖，舞蹈，五拜，引册於宣慶門出。使副等押領儀仗、册案，赴各私第廳前，向闕陳列。設傳宣受册拜褥，册案置褥左，去羃蓋。使副案右序立。受册者就位立，傳宣稱「有制」，再拜。宣制畢，舁册人舉册匣於褥前跪捧，引讀册者與受册者皆俛伏跪，讀訖，皆俛伏興。受册者謝恩，國王五拜，王妃、公主四拜。若册禮同日，先上皇太后册寶，次臨軒同制，遣使册皇后、諸王妃主，次册皇太子。

皇帝納后之儀：擇吉日。至日，后族畢集。詰旦，后出私舍，坐于堂。皇帝遣使及媒者，以牲酒饔餼至門。執事者以告，使及媒者入謁，再拜，平身立。少頃，拜，進酒于皇后，次及后之父母、宗族、兄弟。酒徧，再拜。納幣，致詞，再拜訖，后族皆坐。惕隱夫人四拜，請就車。后辭父母、伯叔父母、兄，各四拜；宗族長者，皆再拜。皇后升車，父母飲后酒，致戒詞，徧及使者、媒者、送者。發軔，伯叔父母、兄飲后酒如初。教坊遮道贊祝，后命賜以物。后族追拜，進酒，遂行。將至宮門，宰相傳敕，賜皇后酒，徧及送者。既至，惕隱率皇族奉迎，再拜。皇后車至便殿東南七十步止，惕隱夫人請降車。負銀罌，捧縢，履黃道行。後一人張羔裘若襲之，前一婦人捧鏡却行。置鞍于道，后過其上。乃詣神主室三拜，南北向各一拜，酹酒。向謁者一拜。起居訖，再拜。次詣舅姑御容拜，奠酒。選皇族諸婦宜子孫者，再拜之，授以罌、縢。又詣諸帝御容拜，奠酒。神賜襲衣、珠玉、珮飾，拜受服之。后姊若妹、陪拜者各賜物。皇族迎者、后族送者徧賜酒，皆相偶飲訖，后坐別殿，送后者退食于次。媒者傳旨命送后者列于殿北。俟皇帝即御坐，選皇族尊者一人當奧坐，主婚禮。命執事者往來致辭于后族，引后族之長率送后者升，當御坐，皆再拜；又一拜，少進，附奏送后之詞；退復位，再拜。后族之長及送后者向當奧者三拜，南北向各一拜，向謁者一拜。后族之長跪問「聖躬萬福」，再拜；復奏送后之詞，又再拜。當奧者與媒者行酒三周，命送后者再拜，皆坐，終宴。翼日，皇帝晨興，詣先帝御容拜，奠酒訖，復御殿，宴后族及羣臣，皇族、后族偶飲如初，百戲、角觝、戲馬較勝以爲樂。又翼日，皇帝御殿，賜后族及贐送后者，各有差。受賜者再拜，進酒，再拜。皇帝御別殿，有司進皇后服飾之籍。酒五行，送后者辭訖，皇族獻后族禮物；后族以禮物謝當奧者。禮畢。

公主下嫁儀：選公主諸父一人爲婚主，凡當奧者、媒者致詞之儀，自納幣至禮成，大略如納后儀。擇吉日，詰旦，媒者趣尚主之家詣宮。竢皇帝、皇后御便殿，率其族入見。進酒訖，命皇族與尚主之族相偶飲。翼日，尚主之家以公主及壻率其族入見，致宴于皇帝、皇后。獻贐送者禮物訖，朝辭。賜公主青幰車二，螭頭、蓋部皆飾以銀，駕駝；送終車一，車樓純錦，銀螭，懸鐸，後垂大氈，駕牛，載羊一，謂之祭羊，擬送終之具，至覆尸儀物咸在。賜其壻朝服、四時襲衣、鞍馬，凡所須無不備。選皇族一人，送至其家。

親王女封公主者婚儀：倣此，以親疏爲差降。

校勘記

〔一〕舉麾位在殿第二重西階上　「二」，本書卷五四樂志雅樂作「三」。

〔二〕太樂令令撞黃鍾之鍾左五鍾皆應　「左」，疑當作「右」。按大唐開元禮卷九一皇帝加元服：「皇帝將出，仗動，太樂令令撞黃鍾之鐘，右五鐘皆應。（中略）皇帝興，太樂令令撞蕤賓之鐘，左五鐘皆應。」遼沿唐制，當亦如是。

〔三〕昇之西階上殿樂作置太后坐前樂止　「樂作」二字原闕，據北監本、殿本補。按本書卷五四樂志統和元年册承天皇太后儀謂「翰林學士、大將軍昇册，樂作；置御坐前，樂止」。

〔四〕俛伏三呼萬歲　「俛伏」下疑闕「興」字。

遼史卷五十三

志第二十二

禮志六

嘉儀下

皇太后生辰朝賀儀：至日，臣僚入朝，國使至幕，班齊，如常儀。皇太后昇殿坐，皇帝東面側坐。契丹舍人殿上通名，契丹、漢人臣僚，宋使副綴翰林學士班，東西兩洞門入，合班稱賀，班首上殿祝壽，分班引出，皆如正旦之儀。教坊起居，七拜，契丹、漢人臣僚入，進酒，皆如正旦之儀〔一〕，唯宣答稱「聖旨」。皇帝降御座，進奉皇太后生辰禮物。過畢，皇帝殿上再拜，殿下臣僚皆再拜。皇帝昇御座。引臣僚分班出，引中書令、北大王西階上殿，奏契丹臣僚進奉，次漢人臣僚并諸道進奉。控鶴官置擔牀，起居，四拜畢；引進使鞠躬，通文武百僚某官某以下、高麗、夏國、諸道進奉。宣徽使殿上贊進奉各付所司，控鶴官聲喏。擔牀過畢，契丹、漢人臣僚以次謝，五拜。贊各祗候，引出。教坊、諸道進奉使謝如之。契丹臣僚謝宣宴，引上殿就位立。漢人臣僚并宋使副東洞門入，面西謝宣宴，如正旦儀。贊各上殿祗候，臣僚、使副上殿就位立，亦如之。監琖、教坊上殿，從人入東廊立，皆如之。御牀入，皇帝初進酒，臣僚就位陪拜。皇太后飲酒，殿上應坐、侍立臣僚皆拜，稱「萬歲」。贊各祗候，立。皇太后卒飲，手賜皇帝酒。皇帝跪，卒飲，退就褥位，再拜，臣僚皆陪拜。若皇帝親賜使相、臣僚、宋使副酒，皆立飲。皇帝昇坐，贊應坐臣僚并使副皆拜，稱「萬歲」。贊各就坐。行方裀、朵殿臣僚酒，如正旦儀。一進酒，兩廊從人拜，稱「萬歲」，各就坐。親王進酒，如正旦儀。若皇太后手賜親王酒，跪飲訖，退露臺上，五拜。贊祗候。殿上三進酒，行餅茶訖，教坊跪，致語，揖臣僚、使副、廊下從人皆立。口號絶，贊拜亦如之。行茶、行殽膳，皆如之。大饌入，行粥盌。殿上七進酒，使相、臣僚樂曲終，揖廊下從人起，拜，稱「萬歲」。「各好去」〔一〕，承受官引兩門出。曲破，揖臣僚、使副起，鞠躬。贊拜，皆拜，稱「萬歲」。贊各祗候，引臣僚、使副下殿。契丹臣僚謝宴畢，出。漢人臣僚、使副舞蹈，五拜畢，贊「各好去」。出洞門畢，報閤門無事，皇太后、皇帝起。

應聖節，宋遣使來賀生辰、正旦，始制此儀，故詳見賓儀。

凡五拜：拜，興。再拜，興。跪，搢笏，三舞蹈，三扣頭，出笏，就拜，興。拜，興。再拜，興。其就拜，亦曰俛伏興。

賓儀，臣僚皆曰坐，於此儀曰高裀，與方裀別。

皇帝生辰朝賀儀：臣僚、國使班齊，皇帝昇殿坐。臣僚、使副入，合班稱賀，合班出，皆如皇太后生辰儀。中書令、北大王奏諸道進奉表目。教坊起居，七拜。臣僚東西門入，合班再拜。贊進酒，班首上殿進酒。宣徽使宣答，羣臣謝宣諭，分班。奏樂，皇帝卒飲，合班。班首下殿，分班出。皆如正旦之儀。進奉皆如皇太后生辰儀。皇帝詣皇太后殿，近上皇族、外戚、大臣並從，奉迎太后即皇帝殿坐。皇太后御小輦，皇帝輦側步從，臣僚分行序引，宣徽使、諸司、閤門攢隊前引。教坊動樂，控鶴起居，四拜。引駕臣僚並於山樓南方立候。皇太后入閤，揖使副并臣僚入幕次。皇太后昇殿坐，皇帝東方側坐。引契丹、漢人臣僚、使副兩洞門入，合班，起居，舞蹈，五拜。贊各祗候，面殿立。皇帝降御坐，殿上立，進皇太后生辰物。過畢，皇帝殿上再拜，殿上下臣僚皆拜。皇帝昇御座，引臣僚分班出。契丹臣僚入，謝宣宴。漢人臣僚、使副入，通名謝宣宴，上殿就位。不應坐臣僚出，從人入，皆如儀。御牀入，皇帝初進皇太后酒，皇太后賜皇帝酒，皆如皇太后生辰儀。贊各就坐，行酒。宣飲盡，就位謝如儀。殿上一進酒畢，從人入就位如儀。親王進酒，行餅茶，教坊致語如儀。行茶、行肴饍如儀。七進酒，使相樂曲終，從人起。曲破，臣僚、使副起。餘皆如正旦之儀。

皇后生辰儀：臣僚昧爽朝。皇帝、皇后大帳前拜日，契丹、漢人臣僚陪拜。皇帝昇殿坐，皇后再拜，臣僚殿下合班陪拜〔三〕。皇帝賜皇后生辰禮物，皇后殿上謝，再拜，臣僚皆拜。契丹舍人通名，契丹、漢人臣僚以次入賀。琖入，舍人贊，舞蹈，五拜，起居不表「聖躬萬福」。贊再拜。班首上殿拜跪，自通全銜祝壽訖，引下殿，復位，鞠躬。贊舞蹈，五拜。贊各祇候。引宰臣一員上殿，奏百僚諸道進表目。教坊起居，七拜，不賀。控鶴官起居，四拜。諸道押衙附奏起居，賜宴，共八拜。契丹、漢人合班，進壽酒，舞蹈，五拜。引大臣一員上殿，欄外褥位搢笏，執臺琖進酒，皇帝、皇后受琖。退，復褥位。授臺，出笏，欄內拜跪，自通全銜祝壽「臣等謹進千萬歲壽酒」訖，引下殿，復位，舞蹈，五拜，鞠躬。宣徽使奏宣答如儀，引上殿，搢笏，執臺。皇帝、皇后飲，殿下臣僚分班，教坊奏樂，皆拜，稱「萬歲」。卒飲，皇帝、皇后授琖。引下殿，舞蹈，五拜。贊各祇候，引出。臣僚進奉如儀，宣宴如儀。教坊、監琖、臣僚上殿祇候如儀。皇后進皇帝酒，殿上贊拜，侍臣僚皆拜。皇帝受琖，皆拜。皇后坐，契丹舍人、漢人閤使殿上贊拜，皆拜，稱「萬歲」。贊各就坐。大臣進皇帝、皇后酒，行酒如儀。酒三行，無殽，行饍〔四〕。又進皇帝、皇后酒。酒再行，大饌入，行粥。教坊致語，臣僚皆起立。口號絶，贊拜，稱「萬歲」，引下殿謝宴，引出，皆如常儀。

進士接見儀：其日，舉人從時相至御帳側，通名牓子與時相牓子同奏訖，時相朝見如常儀。畢，揖進士第一名以下丹墀内面殿鞠躬，通名，四拜。贊各祗候，皆退。若有進文字者，不退，奉卷平立。閤門奏受，跪左膝授訖，直起退。禮畢。

進士賜等甲敕儀：臣僚起居畢，讀卷官奏訖，於左方依等甲唱姓名序立，閤門交收敕牒。閤使奏引至丹墀，依等甲序立。閤使稱「有敕」，再拜，鞠躬。舍人宣敕「各依等甲賜卿敕牒一道，想宜知悉」，揖拜。各跪左膝，受敕訖，鞠躬，皆再拜。各祗候，分引左右相向侍立。候奏事畢，引兩階上殿，就位，齊聲喏，賜坐。酒三行，起，聲喏如初。退揖出。禮畢。牌印郎君行酒，閤使勸飲。

進士賜章服儀：皇帝御殿，臣僚公服，引進士入，東方面西，再拜，揖就丹墀位，面殿鞠躬。閤使稱「有敕」，再拜，鞠躬。舍人宣敕「各依等甲賜卿敕牒一道，兼賜章服，想宜知悉」，揖再拜。跪受敕訖，再拜。退，引至章服所，更衣訖，揖復丹墀位，鞠躬。贊謝恩，舞蹈，五拜。各祗候，殿東亭内序立。聲喏，坐。賜宴，簪花。宣閤使一員、閤門三人或二人勸飲終日。禮畢。

宰相中謝儀：皇帝常服昇殿坐，諸班起居如常儀。應坐臣僚上殿，其餘臣僚殿下東西侍立，皆如宋使初見之儀。引中謝官左入，至丹墀面西立。舍人當殿鞠躬，通新受具官姓名祇候中謝。宣徽殿上索通班舍人就贊禮位，贊某官至。宣徽贊通班舍人二人對立，揖中謝官鞠躬。贊就拜位，舍人二人引面殿鞠躬。贊拜，中謝官舞蹈，五拜，不出班，奏「聖躬萬福」。贊再拜。揖出班跪，敍官，致詞訖，俛伏興，復位。贊拜，舞蹈，五拜。又出班，中謝致詞如初儀，共十有七拜。贊祇候，引右階上殿，就位。揖應坐臣僚聲喏坐。供奉官行酒，傳宣飲盡。臣僚搢笏，執琖起，位後立飲；置琖，出笏。贊拜，臣僚皆再拜。贊各坐，搢笏，執琖，授供奉官琖。酒三行，揖應坐臣僚聲喏立。引中謝官右階下殿，至丹墀，面殿鞠躬。贊拜，舞蹈，五拜，引右出。臣僚皆出。丞相、樞密使同。餘官不升殿，賜酒，不帶節度使不通班，止通名，七拜。衆謝，班首一人出班中謝。

拜表儀：其日，先於東上閤門陳設氈位，分引南北臣僚、諸國使副於氈位合班。通事舍人二人舁表案，置班首前，揖鞠躬，再拜，平身。中書舍人立案側，班首跪，搢笏，興，捧表，跪左膝，以表授中書舍人。出笏，就拜，興，再拜。中書舍人復置表案上。通事舍人舁表案於東上閤門入，捲班，分引出。禮畢。

元日，皇帝不御坐行此儀，餘應上表，有故，皆倣此。

賀生皇子儀：其日，奉先帝御容設正殿，皇帝御八角殿昇坐。聲警畢，北南宣徽使殿階上左右立，北南臣僚金冠盛服，合班入。班首二人捧表立，讀表官先於左階上側立。二宣徽使東西階下殿受表，捧表者跪左膝授訖，就拜，興，再拜。各祗候。二宣徽使俱左階上授讀表官，讀訖，揖臣僚鞠躬。引北面班首左階上殿，欄內稱賀訖，引左階下殿，復位，舞蹈，五拜。禮畢。

賀祥瑞儀：聲警，北南臣僚金冠盛服，合班立。班首二人各奉表賀，北南宣徽使左階下殿受表，上殿授讀表大臣。讀訖，揖殿下臣僚鞠躬，五拜畢，鞠躬。引班首二人左階上殿，欄內拜跪稱賀，致詞訖，引左階下殿，復位，五拜畢，鞠躬。宣答、聽制訖，再拜，鞠躬。謝宣諭，五拜畢，各祗候，分班侍立。禮畢，兩府奏事如常。

乾統六年，木葉山瑞雲見，始行此儀。天慶元年，天雨穀，謝宣諭後，趙王進酒，教坊動樂，臣僚酒一行。禮畢，奏事。

賀平難儀：皇帝、皇后昇殿坐，北南臣僚并命婦合班，五拜。揖班首二人出班，俛跪，搢笏，執表。舁案近前，閤使受表，置案上，皆再拜。通事舍人二人舁案，左階上殿，置露臺上。讀表官受，入讀表。對御讀訖，臣僚殿下五拜，鞠躬。引班首二人左右階上殿，欄內並立。先引北面班首少前，跪致詞訖，退復褥位。次引南面班首亦如之。畢，分引左右階下殿，復位，五拜，鞠躬。宣徽稱「有敕」，再拜，宣答「內難已平，與公等內外同慶」。謝宣諭，五拜。捲班。臣僚從皇帝，命婦從皇后，詣皇太后殿，見先帝御容，陪位，皆再拜。皇太后正坐，稱賀，共十拜，並引上殿，賜宴如儀。

平難之儀，道宗清寧九年，太叔重元謀逆，仁懿太后親率衛士與逆黨戰。事平，因制此儀。

正旦朝賀儀：臣僚并諸國使昧爽入朝，奏「班齊」。皇帝昇殿坐，契丹舍人殿上通訖，引契丹臣僚東洞門入，引漢人臣僚并諸國使西洞門入。合班，舞蹈，五拜，鞠躬，平身。引親王東階上殿，欄内褥位俛伏跪，自通全銜臣某等祝壽訖，伏興，退，引東階下殿，復位，舞蹈，五拜畢，鞠躬。宣徽使殿上鞠躬，奏「臣宣答」，稱「有敕」，班首以下聽制訖，再拜，鞠躬。宣徽傳宣云：「履新之慶，與公等同之。」舍人贊謝宣諭，拜，舞蹈，五拜。贊各祗候，分班引出，引班首西階上殿，奏表目訖，教坊起居，賀，十二拜，畢，贊各祗候。引契丹、漢人臣僚并諸國使東西洞門入，合班，再拜。贊進酒，引親王東階上殿，就欄内褥位，搢笏，執臺琖，進酒訖，退，復褥位。置臺，出笏，少前俛跪，自通全銜臣某等謹進千萬歲壽酒。俛伏興，退，復褥位，與殿下臣僚皆再拜，鞠躬。俟宣徽使殿上鞠躬，奏「臣宣答」，稱「有制」，親王以下再拜如初儀。傳宣云：「飲公等壽酒，與公等内外同慶。」舍人贊謝宣諭如初。贊各祗候，親王搢笏，執臺，殿下臣僚分班。皇帝飲酒，教坊奏樂，殿上下臣僚皆拜，稱「萬歲」。贊各祇候。樂止，教坊再拜。皇帝卒飲，親王進受琖，復褥位，置臺琖，出笏。搢臣僚合班，引親王東階下殿，復位，鞠躬，再拜。贊各祇候，分班引出。皇帝起，詣皇太后殿，臣僚并諸國使皆從。皇太后昇殿，皇帝東方側坐。引契丹、漢人臣僚并諸國使兩洞門入，合班稱賀〔五一〕，進酒，皆如皇帝之儀。畢，引出。教坊入，起居、進酒亦如之。皇太后宣答稱「聖旨」。契丹班謝宣宴，上殿就位立。漢人臣僚并諸國使東洞門入，丹墀東方，面西鞠躬。舍人鞠躬，通文武百僚宰臣某已下謝宣宴，再拜；出班致詞訖，退復位，舞蹈，五拜。贊各上殿祇候，引宰臣以下并諸國使副，方裀、朵殿臣僚，西階上殿就位立。不應坐臣僚並於西洞門出。二人監琖，教坊再拜，贊各上階。下殿謝宴，如皇太后生辰儀。

冬至朝賀儀：臣僚班齊，如正旦儀。皇帝、皇后拜日，臣僚陪位再拜。皇帝、皇后昇殿坐，契丹舍人通，臣僚入，合班，親王祝壽，宣答，皆如正旦之儀。謝訖，舞蹈，五拜，鞠躬。出班奏「聖躬萬福」；復位，再拜，鞠躬。班首出班，俛伏跪，祝壽訖，伏興，舞蹈，五拜，鞠躬。贊各祇候。分班，不出，合班。御牀入，再拜，鞠躬。贊進酒。臣僚平身。引親王左階上殿，就欄內褥位，搢笏，執臺琖，進酒。皇帝、皇后受琖訖，退就褥位，置臺，出笏，俛伏跪。少前，自通全銜臣某等謹進千萬歲壽酒。俛伏興，退，復褥位，再拜，鞠躬。殿下臣僚皆再拜，鞠躬。宣答如正旦儀。親王搢笏，執臺，分班。皇帝、皇后飲酒，奏樂；殿上下臣僚皆拜，稱「萬歲壽」，樂止。教坊再拜，臣僚合班。親王進受琖，至褥位，置臺琖，出笏，引左階下殿。御牀出〔六〕。親王復丹墀位，再拜，鞠躬。贊祗候。分班引出。班首右階上殿奏表目進奉。諸道進奉，教坊進奉，過訖，贊進奉收。班首舞蹈，五拜，鞠躬。贊各祗候。班首出，臣僚復入，合班謝，舞蹈，五拜，鞠躬。贊各祗候。分班引出。聲警，皇帝、皇后起，赴北殿。皇太后於御容殿，與皇帝、皇后率臣僚再拜。皇太后上香，皆再拜。贊各祗候。可矮墩以上上殿。皇太后三進御容酒，陪位皆拜。皇太后昇殿坐。皇帝就露臺上褥位，親王押北南臣僚班丹墀内立。皇帝再拜，臣僚皆拜，鞠躬。皇帝欄内跪，祝皇太后壽訖，復位，再拜。凡拜，皆稱「萬歲」。贊各祗候，臣僚不出。皇帝、皇后側座，親王進酒，臣僚陪拜，皇太后宣答，皆如正旦之儀。臣僚分班，不出，班首右階上殿奏表目，合班謝宣宴，上殿就位如儀。御牀入。皇帝進皇太后酒如初，各就座行酒，宣飲盡，如皇太后生辰之儀。皇后進酒，如皇帝之儀。三進酒，行茶，教坊致語，行殽饍，大饌，七進酒。曲破，臣僚起，御牀出，謝宴，皆如皇太后生辰儀。

立春儀：皇帝出就内殿，拜先帝御容，北南臣僚丹墀内合班，再拜。可矮墩以上入殿，賜坐。帝進御容酒，陪位并侍立皆再拜。一進酒，臣僚下殿，左右相向立。皇帝戴幡勝，等第賜幡勝。臣僚簪畢，皇帝於土牛前上香，三奠酒，不拜。教坊動樂，侍儀使跪進綵杖。皇帝鞭土牛，可矮墩以上北南臣僚丹墀內合班，跪左膝，受綵杖，直起，再拜。贊各祗候。司辰報春至，鞭土牛三匝。矮墩鞭止，引節度使以上上殿，撒穀豆，擊土牛。撒穀豆，許衆奪之。臣僚依位坐，酒兩行，春盤入。酒三行畢，行茶。皆起。禮畢。

重午儀：至日，臣僚昧爽赴御帳，皇帝繫長壽綵縷昇車坐，引北南臣僚合班，如丹墀之儀。所司各賜壽縷，揖臣僚跪受，再拜。引退，從駕至膳所，酒三行。若賜宴，臨時聽敕。

重九儀：北南臣僚旦赴御帳，從駕至圍場，賜茶。皇帝就坐，引臣僚御前班立，所司各賜菊花酒，跪受，再拜。酒三行，揖起。

藏鬮儀：至日，北南臣僚常服入朝，皇帝御天祥殿，臣僚依位賜坐。契丹南面，漢人北面，分朋行鬮。或五或七籌，賜膳。入食畢，皆起。頃之，復坐行鬮如初。晚賜茶，三籌或五籌，罷教坊承應。若帝得鬮，臣僚進酒訖，以次賜酒。

大康十年十二月二十二日，始行是儀。是日不御朝。

歲時雜儀：

正旦，國俗以糯飯和白羊髓爲餅，丸之若拳，每帳賜四十九枚。戊夜，各於帳內窗中擲丸於外。數偶，動樂，飲宴。數奇，令巫十有二人鳴鈴，執箭，繞帳歌呼，帳內爆鹽𬬻中，燒地拍鼠，謂之「驚鬼」，居七日乃出。國語謂正旦爲「廼捏咿唲」。「廼」，正也；「捏咿唲」，旦也。

立春，婦人進春書，刻青繒爲幟，像龍御之，或爲蟾蜍〔七〕，書幟曰「宜春」。

人日，凡正月之日，一雞、二狗、三豕、四羊、五馬、六牛，七日爲人。其占，晴爲祥，陰爲災。俗煎餅食於庭中，謂之「薰天」。

二月一日爲中和節，國舅族蕭氏設宴，以延國族耶律氏，歲以爲常。國語是日爲「忸里咶」。「忸里」，請也；「咶」，時也。忸，讀若狃；咶，讀若頗。

二月八日爲悉達太子生辰〔八〕，京府及諸州雕木爲像，儀仗、百戲導從，循城爲樂。悉達太子者，西域淨梵王子，姓瞿曇氏，名釋迦牟尼。以其覺性，稱之曰「佛」。

三月三日爲上巳，國俗，刻木爲兔，分朋走馬射之。先中者勝，負朋下馬列跪進酒，勝朋馬上飲之。國語謂是日爲「陶里樺」。「陶里」，兔也；「樺」，射也。

五月重五日，午時，採艾葉和綿著衣，七事以奉天子，北南臣僚各賜三事，君臣宴樂，渤海膳夫進艾餻。以五綵絲爲索纏臂，謂之「合歡結」。又以綵絲宛轉爲人形簪之，謂之「長命縷」。國語謂是日爲「討賽咿唲」。「討」，五；「賽咿唲」，月也。

夏至之日，俗謂之「朝節」。婦人進綵扇，以粉脂囊相贈遺。

六月十有八日，國俗，耶律氏設宴，以延國舅族蕭氏，亦謂之「怦里叵」。

七月十三日，夜，天子於宮西三十里卓帳宿焉。前期，備酒饌。翼日，諸軍、部落從者皆動蕃樂，飲宴至暮，乃歸行宮，謂之「迎節」。十五日中元，動漢樂，大宴。十六日昧爽，復往西方，隨行諸軍、部落大譟三，謂之「送節」。國語謂之「賽咿唲奢」。「奢」，好也。

八月八日，國俗，屠白犬，於寢帳前七步瘞之，露其喙。後七日中秋，移寢帳於其上。國語謂之「捏褐耐」。「捏褐」，犬也；「耐」，首也。

九月重九日，天子率羣臣部族射虎，少者爲負，罰重九宴。射畢，擇高地卓帳，賜蕃、漢臣僚飲菊花酒。兔肝爲臡，鹿舌爲醬。又研茱萸酒，洒門户以禬禳。國語謂是日爲「必里遲離」，九月九日也。

歲十月，五京進紙造小衣甲、槍刀、器械萬副。十五日，天子與羣臣望祭木葉山，用國字書狀，并焚之。國語謂之「戴辣」。「戴」，燒也；「辣」，甲也。

冬至日，國俗，屠白羊、白馬、白雁，各取血和酒，天子望拜黑山。黑山在境北，俗謂國人魂魄，其神司之，猶中國之岱宗云。每歲是日，五京進紙造人馬萬餘事，祭山而焚之。俗甚嚴畏，非祭不敢近山。

臘辰日，天子率北南臣僚並戎服，戊夜坐朝，作樂飲酒，等第賜甲仗、羊馬。國語謂是日爲「炒伍侕尀」。「炒伍侕」，戰也。

再生儀：凡十有二歲，皇帝本命前一年季冬之月，擇吉日。前期，禁門北除地置再生室、母后室、先帝神主輿。在再生室東南，倒植三岐木。其日，以童子及產醫嫗置室中。一婦人執酒，一叟持矢箙，立於室外。有司請神主降輿，致奠。奠訖，皇帝出寢殿，詣再生室。羣臣奉迎，再拜。皇帝入室，釋服，跣。以童子從，三過岐木之下。每過，產醫嫗致詞，拂拭帝躬。童子過岐木七，皇帝卧木側，叟擊箙曰：「生男矣。」太巫幪皇帝首，興，羣臣稱賀，再拜。產醫嫗受酒于執酒婦以進，太巫奉襁褓、綵結等物贊祝之。預選七叟，各立御名繫于綵，皆跪進。皇帝選嘉名受之，賜物。再拜，退。羣臣皆進襁褓、綵結等物。皇帝拜先帝諸御容，遂宴羣臣。

善哉，阻午可汗之垂訓後嗣也。孺子無不慕其親者，嗜欲深而愛淺，妻子具而孝衰。人人皆然，而況天子乎。再生之儀，歲一周星，使天子一行是禮，以起其孝心。夫體之也真，則其思之也切，孺子之慕，將有油然發于中心者，感發之妙，非言語文字之所能及。善哉，阻午可汗之垂訓後嗣也。始之以三過岐木，母氏劬勞能無念乎。終之以拜先帝御容，敬承宗廟宜何如哉。詩曰：「無念爾祖，聿脩厥德。」

校勘記

〔一〕皆如正旦之儀　「旦」字原闕，據明鈔本、南監本、北監本、殿本補。

〔二〕各好去　據上下文例，此句前疑闕「贊」字。

〔三〕臣僚殿下合班陪拜　「班」，原作「以」，據北監本、殿本改。

〔四〕酒三行無殺行餢　「無」，北監本、殿本作「行」。

〔五〕合班稱賀　「合」字原闕，據上下文義補。

〔六〕御牀出　原作「出御牀」，據北監本、殿本及上下文例改。

〔七〕刻青繒爲幟像龍御之或爲蟾蜍　疑文有訛誤。按契丹國志卷二七歲時雜記立春條云：「以青繒爲幟，刻龍象銜之，或爲蝦蟆。」酉陽雜俎前集卷一禮異、歲時廣記卷八同。

〔八〕二月八日爲悉達太子生辰　「二月八日」，疑當作「四月八日」。按本卷歲時雜儀正旦條至臘辰日條皆取自契丹國志卷二七歲時雜記，契丹國志歲時雜記係抄撮武珪燕北雜記而成，兩書皆謂佛誕日爲四月八日。又應曆十五年重修范陽白帶山雲居寺碑謂「風俗以四月八日共慶佛生」，壽昌四年易州興國寺太子誕聖邑碑、咸雍八年特建佛頂尊勝陀羅尼幢亦稱四月初八慶佛生，知遼朝佛誕日當爲四月八日。據元史卷二七英宗紀一延祐七年十二月己巳、卷二〇二釋老傳及輯本析津志歲紀門等，大都城於每歲二月八日迎佛。疑此處係元朝史官據本朝風俗將契丹國志「四月八日」臆改作「二月八日」。

遼史卷五十四

志第二十三

樂志

遼有國樂，有雅樂，有大樂，有散樂，有鐃歌、橫吹樂。舊史稱聖宗、興宗咸通音律，聲氣、歌辭、舞節，徵諸太常、儀鳳、教坊不可得。按紀、志、遼朝雜禮，參考史籍，定其可知者，以補一代之闕文。

嗚呼！咸、韶、夏、武之樂，聲亡書逸，河間作記，史遷因以爲書，寥乎希哉。遼之樂觀此足矣。

國樂

遼有國樂，猶先王之風；其諸國樂，猶諸侯之風。故志其略。

正月朔日朝賀，用宮懸雅樂。元會，用大樂；曲破後，用散樂；角觝終之。是夜，皇帝燕飲，用國樂。

七月十三日，皇帝出行宮三十里卓帳。十四日設宴，應從諸軍隨各部落動樂。十五日中元，大宴，用漢樂。

春飛放杏堝，皇帝射獲頭鵝，薦廟燕飲，樂工數十人執小樂器侑酒。

諸國樂

太宗會同三年，晉宣徽使楊端、王朓等及諸國使朝見〔一〕，皇帝御便殿賜宴。端、朓起進酒，作歌舞，上爲舉觴極歡。

會同三年端午日，百僚洎諸國使稱賀，如式燕飲，命回鶻、燉煌二使作本國舞。

天祚天慶二年，駕幸混同江，頭魚酒筵，半酣，上命諸酋長次第歌舞爲樂。女直阿骨打端立直視，辭以不能。上謂蕭奉先曰：「阿骨打意氣雄豪，顧視不常，可託以邊事誅之。不然，恐貽後患。」奉先奏：「阿骨打無大過，殺之傷向化之意。蕞爾小國，又何能爲。」

雅樂

自漢以後，相承雅樂，有古頌焉，有古大雅焉。遼闕郊廟禮，無頌樂。大同元年，太宗自汴將還，得晉太常樂譜、諸宮懸、樂架〔二〕，委所司先赴中京。

聖宗太平元年尊號册禮：設宮懸於殿庭，舉麾位在殿第三重西階之上〔三〕，協律郎各入就舉麾位，太常博士引太常卿，太常卿引皇帝。將仗動，協律郎舉麾，太樂令令撞黃鍾之鍾，左右鍾皆應〔四〕。工人舉柷，樂作；皇帝即御坐，扇合，樂止。王公入門，樂作；至位，樂止。通事舍人引押册大臣，初動，樂作；置册殿前香案訖，就位，樂止。舁册官奉册，初動，樂作；升殿，置册御坐前，就西墉北上位，樂止。大臣上殿，樂作；至殿欄内位，樂止。大臣降殿階，樂作；復位，樂止。王公三品以上出，樂作；太常博士引太常卿，太常卿引皇帝降御坐入閤，樂止〔五〕。

興宗重熙九年，上契丹册〔六〕，皇帝出，奏隆安之樂。

聖宗統和元年，册承天皇太后，設宮懸簨簴，太樂工、協律郎入。太后儀衛動，舉麾，太和樂作；太樂令、太常卿導引昇御坐，簾捲，樂止。文武三品以上入，舒和樂作；至位，樂止。皇帝入門，雍和樂作；至殿前位，樂止。宰相押册，皇帝隨册，樂作；至殿前置册於案，樂止。翰林學士、大將軍舁册，樂作；置御坐前，樂止。丞相上殿，樂作；至讀册位，樂止。皇帝下殿，樂作；至位，樂止。太后宣答訖，樂作；皇帝至西閤，樂止。親王、丞相上殿，樂作；退班出，樂止。下簾，樂作；皇太后入内，樂止。

册皇太子儀：太子初入門，貞安之樂作。

册禮樂工次第：四隅各置建鼓一虡，樂工各一人；宫懸每面九虡，每虡樂工一人；樂虡近北置柷、敔各一，樂工各一人；樂虡内坐部樂工，左右各一百二人；樂虡西南武舞六十四人，執小旗二人；樂虡東南文舞六十四人，執小旗二人；協律郎二人；太樂令一人。

唐十二和樂，遼初用之：豫和祀天神，順和祭地祇，永和享宗廟，肅和登歌奠玉帛，雍和入俎接神，壽和酌獻飲神，太和節升降，舒和節出入，昭和舉酒，休和以飯，正和皇后受册以行，承和太子以行。

遼十二安樂：初，梁改唐十二和樂爲九慶樂，後唐建唐宗廟，仍用十二和樂，晉改爲十二同樂。遼雜禮：「天子出入，奏隆安；太子行，奏貞安。」則是遼嘗改樂名矣。餘十安樂名缺。

遼雅樂歌辭，文闕不具；八音器數，大抵因唐之舊。

八音：

金　鎛、鍾。
石　球、磬。
絲　琴、瑟。
竹　籥、簫、篴。
匏　笙、竽。
土　壎。
革　鼓、鼗。
木　柷、敔。
十二律用周黍尺九寸管，空徑三分爲本。道宗大康中，詔行秬黍所定升斗，嘗定律矣。其法大抵用古律焉。

大樂

自漢以來，因秦、楚之聲置樂府。至隋高祖詔求知音者，鄭譯得西域蘇祇婆七旦之聲，求合七音八十四調之說，由是雅俗之樂，皆此聲矣。用之朝廷，別於雅樂者，謂之大樂。

晉高祖使馮道、劉昫册應天太后、太宗皇帝，其聲器、工官與法駕，同歸於遼。

聖宗統和元年，册承天皇太后〔七〕，童子、弟子隊樂引太后輦至金鑾門。

天祚皇帝天慶元年上壽儀：皇帝出東閤，鳴鞭，樂作；簾捲，扇開，樂止。太尉執臺，分班，太樂令舉麾，樂作；皇帝飲酒訖，樂止。應坐臣僚東西外殿，太樂令引堂上樂升。大臣執臺，太樂令奏舉觴，登歌樂作〔八〕；飲訖，樂止。行臣僚酒遍，太樂令奏巡周，舉麾，樂作；飲訖，樂止。太常卿進御食，太官令奏食遍，樂作；文舞入，三變，引出，樂止。次進酒，行臣僚酒，舉觴，巡周，樂作；飲訖，樂止。次進食，食遍，樂作；武舞入，三變，引出，樂止。扇合，簾下，鳴鞭，樂作；皇帝入西閤，樂止。

大樂器：本唐太宗七德、九功之樂。武后毁唐宗廟，七德、九功樂舞遂亡，自後宗廟用隋文、武二舞。朝廷用高宗景雲樂代之，元會，第一奏景雲樂舞。杜佑通典已稱諸樂並亡，唯景雲樂舞僅存。唐末、五代版蕩之餘，在者希矣。遼國大樂，晉代所傳。雜禮雖見坐部樂工左右各一百二人，蓋亦以景雲遺工充坐部；其坐、立部樂，自唐已亡，可考者唯景雲四部樂舞而已。

玉磬

方響

搊箏
筑
臥箜篌
大箜篌
小箜篌
大琵琶
小琵琶
大五絃
小五絃
吹葉
大笙
小笙
觱篥
簫
銅鈸

長笛

尺八笛

短笛

以上皆一人〔九〕。

毛員鼓

連鼗鼓

貝

以上皆二人，餘每器工一人。

歌二人

舞二十人，分四部：

景雲舞八人〔一〇〕

慶雲樂舞四人〔一一〕

破陣樂舞四人

承天樂舞四人

大樂調：雅樂有七音，大樂亦有七聲，謂之七旦：一曰婆陁力〔一二〕，平聲；二曰雞識，長聲；三曰沙識，質直聲；四曰沙侯加濫聲；五曰沙臘，皆應聲〔二三〕；六曰般贍，五聲；七曰俟利箑，斛牛聲〔二四〕。自隋以來，樂府取其聲，四旦二十八調爲大樂。

婆陁力旦：

正宮

高宮

中呂宮

道調宮

南呂宮

仙呂宮

黄鍾宮

雞識旦：

越調

大食調

高大食調

雙調

小食調

歇指調

林鍾商調

沙識旦：

大食角

高大食角

雙角

小食角

歇指角

林鍾角

越角

沙侯加濫旦〔一五〕：

中呂調

正平調

高平調

仙吕調
黄鍾調
般涉調
高般涉調

右四旦二十八調，不用黍律，以琵琶絃叶之。皆從濁至清，迭更其聲，下益濁，上益清。七七四十九調，餘二十一調失其傳。蓋出九部樂之龜茲部云。

大樂聲：各調之中，度曲協音，其聲凡十，曰：五、凡、工、尺、上、一、四、六、勾、合，近十二雅律，於律吕各闕其一，猶雅音之不及商也。

散樂

殷人作靡靡之樂，其聲往而不反，流爲鄭、衞之聲。秦、漢之間，秦、楚聲作，鄭、衞寖亡。漢武帝以李延年典樂府，稍用西涼之聲。今之散樂，俳優、歌舞雜進，往往漢樂府之遺聲。晉天福三年，遣劉昫以伶官來歸，遼有散樂，蓋由此矣。

遼册皇后儀：呈百戲、角抵、戲馬以爲樂[二六]。

皇帝生辰樂次：

酒一行　觱篥起，歌。
酒二行　歌，手伎入。
酒三行　琵琶獨彈。
　　餅、茶、致語。
　　食入，雜劇進。
酒四行　闕。
酒五行　笙獨吹，鼓笛進。
酒六行　箏獨彈，築毬。
酒七行　歌曲破，角觝。

曲宴宋國使樂次：

酒一行　觱篥起，歌。
酒二行　歌。
酒三行　歌，手伎入。
酒四行　琵琶獨彈。
　　餅、茶、致語。

食入，雜劇進。

酒五行　闕。

酒六行　笙獨吹，合法曲。

酒七行　箏獨彈。

酒八行　歌，擊架樂。

酒九行　歌，角觝。

散樂，以三音該三才之義，四聲調四時之氣，應十二管之數。截竹爲四竅之笛，以叶音聲，而被之絃歌。三音：天音揚，地音抑，人音中，皆有聲無文。四時：春聲曰平，夏聲曰上，秋聲曰去，冬聲曰入。

散樂器：觱篥、簫、笛、笙、琵琶、五絃、箜篌、箏、方響、杖鼓、第二鼓、第三鼓、腰鼓、大鼓、鞚、拍板。

雜戲：自齊景公用倡優侏儒，至漢武帝設魚龍曼延之戲，後漢有繩舞、自刳之伎，杜佑以爲多幻術，皆出西域。哇俚不經，故不具述。

鼓吹樂

鼓吹樂，一曰短簫鐃歌樂，自漢有之，謂之軍樂。遼雜禮，朝會設熊羆十二案，法駕有前後部鼓吹，百官鹵簿皆有鼓吹樂。

前部：

鼓吹令二人

㧏鼓十二

金鉦十二

大鼓百二十

長鳴百二十

鐃十二

鼓十二

歌二十四

管二十四

簫二十四

笳二十四

後部：

大角百二十
鼓吹丞二人
羽葆十二
鼓十二
管二十四
簫二十四
鐃十二
鼓十二
簫二十四
笳二十四
右前後鼓吹，行則導駕奏之，朝會則列仗，設而不奏。

横吹樂

横吹亦軍樂，與鼓吹分部而同用，皆屬鼓吹令。
前部：

大横吹百二十
節鼓二
笛二十四
觱篥二十四
笳二十四
桃皮觱篥二十四
㧌鼓十二
金鉦十二
小鼓百二十
中鳴百二十
羽葆十二
鼓十二
管二十四
簫二十四
笳二十四

後部：

小橫吹百二十四

笛二十四

簫二十四

觱篥二十四

桃皮觱篥二十四

百官鼓吹、橫吹樂，自四品以上，各有增損〔二七〕，見儀衛志。自周衰，先王之樂寖以亡缺，周南變爲秦風。始皇有天下，鄭、衛、秦、燕、趙、楚之聲迭進，而雅聲亡矣。漢、唐之盛，文事多西音，是爲大樂、散樂；武事皆北音，是爲鼓吹、橫吹樂。雅樂在者，其器雅，其音亦西云。

校勘記

〔一〕晉宣徽使楊端王朓等及諸國使朝見　「王朓」，本書卷四太宗紀下會同三年四月丙午作「王眺」。

〔二〕得晉太常樂譜諸宮懸樂架　「譜」字原闕。按本書卷四太宗紀下大同元年三月壬寅，以晉

「太常樂譜、諸宮縣、鹵簿、法物及鎧仗，悉送上京」。今據補。

〔三〕舉麾位在殿第三重西階之上　「三」，本書卷五二禮志五皇帝受册儀作「二」。

〔四〕太樂令令撞黄鍾之鍾左右鍾皆應　「左右鍾」，疑當作「右五鍾」。參見本書卷五二禮志五校勘記〔二〕。

〔五〕「王公三品以上出」至「樂止」　此句疑史官節取不當。按王公與皇帝用樂不應相同，本書卷五二禮志五皇帝受册儀云：「三品已上出，樂作；出門畢，樂止。（中略）太常博士、太常卿引皇帝起，樂作；至閤，樂止。」

〔六〕興宗重熙九年上契丹册　本書興宗紀無此事，然高麗史卷六靖宗世家靖宗六年（遼重熙九年）十月載遼詔，謂「今已定十二月上旬大行禮册」，或即此「上契丹册」事。

〔七〕聖宗統和元年册承天皇太后　「統和」，諸本皆作「太平」，據上文及本書卷一〇聖宗紀一統和元年六月、卷七一后妃傳改。

〔八〕登歌樂作　「樂」字原闕，據明鈔本、南監本、北監本、殿本補。

〔九〕以上皆一人　「人」字原闕，據明鈔本、南監本、北監本、殿本補。

〔一〇〕景雲舞　據上下文，當作「景雲樂舞」。

〔一一〕慶雲樂舞四人　「慶雲」，舊唐書卷二九音樂志二、新唐書卷二一禮樂志一一並作「慶善」，以唐太宗生於慶善宮而名。

〔二〕婆陁力　隋書卷一四音樂志中作「娑陁力」。

〔三〕四曰沙侯加濫聲五曰沙臘皆應聲　疑文有訛誤。按隋書卷一四音樂志中云：「四曰『沙侯加濫』，華言應聲，即變徵聲也。五曰『沙臘』，華言應和聲，即徵聲也。」

〔四〕斛牛聲　「牛」，原作「先」，據隋書卷一四音樂志中改。

〔五〕沙侯加濫旦　「沙侯加濫」，疑當作「般贍」。按隋書卷一四音樂志中謂沙侯加濫爲變徵聲，般贍爲羽聲。此下七調，新唐書卷二二禮樂志一二、樂府雜録、宋史卷七一律曆志四引景祐樂髓新經皆謂爲羽聲。又以下調名内有「般涉」、「高般涉」之目。

〔六〕遼册皇后儀呈百戲角抵戲馬以爲樂　據本書卷五二禮志五，此事不見於册皇后儀，而見於皇帝納后之儀。

〔七〕各有增損　「各」，原作「名」，據文義改。

遼史卷五十五

志第二十四

儀衞志一

遼太祖奮自朔方，太宗繼志述事，以成其業。於是舉渤海，立敬瑭，破重貴，盡致周、秦、兩漢、隋、唐文物之遺餘而居有之。路車法物以隆等威，金符玉璽以布號令。是以傳至九主二百餘年，豈獨以兵革之利，士馬之强哉。文謂之儀，武謂之衞，足以成一代之規摹矣。

考遼所有輿服、符璽、儀仗，作儀衞志。

輿服

自黄帝而降，輿服之制，其來遠矣。禹乘四載作小車，商人得桑根之瑞爲大輅，周人加金玉，象飾益備。秦取六國儀物，而分别其用，先王之制，置而弗御。至漢中葉，鋭意稽古，然禮文之事，名存實亡，蓋得十一於千百焉。唐之車輅因周、隋遺法，損益可知。而祭服皆青，朝服皆絳，常服用宇文制，以紫、緋、緑、碧分品秩。五代頗以常服代朝服。遼國自太宗入晉之後，皇帝與南班漢官用漢服，太后與北班契丹臣僚用國服，其漢服即五代晉之遺制也。

考之載籍之可徵者，著輿服篇，冠諸儀衛之首。

國輿

契丹故俗，便於鞍馬。隨水草遷徙，則有氈車，任載有大車，婦人乘馬，亦有小車，貴富者加之華飾。禁制疎闊，貴適用而已。帝后加隆，勢固然也。輯其可知著于篇。

大輿，柴册再生儀載神主見之〔一〕。

輿，臘儀見皇帝、皇后升輿、降輿。

總纛車，駕以御駝。祭山儀見皇太后升總纛車〔二〕。

車，納后儀見皇后就車。

青幰車，二螭頭、蓋部皆飾以銀〔三〕，駕用駝，公主下嫁以賜之。古者王姬下嫁，車服不繫其夫，下王后一等。此其遺意歟。

送終車，車樓純飾以錦，螭頭以銀，下縣鐸，後垂大氈，駕以牛。上載羊一，謂之祭羊，以擬送終之用。亦賜公主。

椅，册皇太后儀，皇帝乘椅，自便殿輦至西便門。

鞍馬，祭山儀，皇帝乘馬，侍皇太后行。臘儀，皇帝降輿，祭東畢，乘馬入獵圍。瑟瑟儀，俱乘馬東行，羣臣在南，命婦在北〔四〕。

漢輿

太宗皇帝會同元年，晉使馮道、劉昫等備車輅法物，上皇帝、皇太后尊號册禮。自此天子車服昉見於遼。太平中行漢册禮，乘黄令陳車輅，尚輦奉御陳輿輦。盛唐輦輅，盡在遼廷矣。

五輅：周官典輅有五輅。秦亡之後，漢創製。

玉輅，祀天、祭地、享宗廟，朝賀、納后用之。青質，玉飾，黄屋，左纛。十二鑾在衡，二鈴在軾。龍輈。左建旂，十二斿，皆畫升龍，長曳地。駕蒼龍，金叉，鏤鍚，鞶纓十二就。

遼國勘箭儀，皇帝乘玉輅至内門。聖宗開泰十年，上升玉輅，自内三門入萬壽殿，進七廟御容酒。

金輅，饗射、祀還、飲至用之。赤質，金飾，餘如玉輅，色從其質。駕赤騮。

象輅，行道用之。黄質，象飾，餘如金輅。駕黄騮。

革輅，巡狩、武事用之。白質，革鞔。駕白翰。

木輅，田獵用之。黑質，漆飾。駕黑駱。

車：制小於輅，小事乘之。

耕根車，耕藉用之。青質，蓋三重，餘如玉輅。

安車，一名進賢車，臨幸用之。金飾，重輿，曲壁，八鑾在衡，紫油纁朱裏幰，朱絲絡網。駕赤騮，朱鞶纓。

四望車，一名明遠車，拜陵、臨弔則用之。金飾，青油纁朱裏通幰。駕牛，餘同安車。

涼車，赤質〔五〕，省方、罷獵用之。赤質，金塗銀裝。五綵龍鳳，織藤，油壁，緋條，蓮座。駕以橐駝。

輦：用人挽，本宫中所乘。唐高宗始制七輦。周官巾車有輦，以人組挽之。太平册禮，皇帝御輦。

大鳳輦，赤質，頂有金鳳，壁畫雲氣金翅。前有軾，下有構欄。絡帶皆繡雲鳳，銀梯。主輦八十人。

大芳輦。

仙游輦。

小輦，永壽節儀，皇太后乘小輦。

芳亭輦，黑質，幕屋，緋欄，皆繡雲鳳〔六〕。朱緑夾窗，花板紅網，兩簾，四竿，銀飾梯。主輦百廿人。

大玉輦。

小玉輦。

逍遥輦，常用之。椶屋，赤質，金塗銀裝，紅絛。輦官十二人，春夏緋衫，秋冬素錦服。

平頭輦，常行用之。制如逍遥，無屋。册承天皇太后儀〔七〕，皇太后乘平頭輦。

步輦，聖宗統和三年，駐蹕土河，乘步輦聽政。

羊車，古輦車。赤質，兩壁龜文、鳳翅，緋幰，絡帶、門簾皆繡瑞羊，畫輪。駕以牛，隋易果下馬。童子十八人，服繡。瑞羊輓之。

輿：以人肩之，天子用韛絡臂綰。

腰輿，前後長竿各二，金銀螭頭，緋繡鳳襴，上施錦褥，別設小床。奉輿十六人。

小輿，赤質，青頂，曲柄，緋繡絡帶。制如鳳輦而小，上有御座。奉輿二十四人。

皇太子車輅：

金輅，從祀享、正冬大朝、納妃用之。冊皇太子儀，乘黄令陳金輅，皇太子升、降金輅。

軺車，五日常朝、享宫臣、出入行道用之。金飾，紫幰朱裏。駕一馬。

四望車，弔臨用之。金飾，紫油纁通幰。駕一馬。

校勘記

〔一〕大輿柴册再生儀載神主見之　本書卷五三禮志六再生儀有「先帝神主輿」，不見「大輿」。

〔二〕祭山儀見皇太后升總纛車　本書卷四九禮志一祭山儀無皇太后升總纛車之事。

〔三〕青幰車二螭頭蓋部皆飾以銀　此蓋襲用本書卷五二禮志五公主下嫁儀「賜公主青幰車二，螭頭、蓋部皆飾以銀」，然誤綴「二」字於「青幰車」下，當删。

〔四〕瑟瑟儀俱乘馬東行羣臣在南命婦在北　本書卷四九禮志一瑟瑟儀無此事。

〔五〕涼車赤質　「赤質」二字疑涉下文而衍。

〔六〕芳亭輦黑質幕屋緋欄皆繡雲鳳　「欄」，疑當作「襴」。按宋史卷一四九輿服志一謂「芳亭輦，黑質，頂如幕屋，緋羅衣，裙襴、絡帶皆繡雲鳳」。

〔七〕册承天皇太后儀　「皇」、「后」二字原闕，據北監本、殿本補。

遼史卷五十六

志第二十五

儀衛志二

國服

上古之人，網罟禽獸，食肉衣皮，以儷鹿韋掩前後，謂之韠。然後夏葛、冬裘之製興焉。周公陳王業，七月之詩，至於一日于貉，三月條桑，八月載績，公私之用由是出矣。契丹轉居薦草之間，去邃古之風猶未遠也。太祖仲父述瀾，以遥輦氏于越之官，占居潢河沃壤，始置城邑，爲樹藝、桑麻、組織之教，有遼王業之隆，其亦肇迹於此乎！太祖帝北方，太宗制中國，紫銀之鼠，羅綺之篚，糜載而至，纖麗耎毳，被土綢木。於是定衣冠之制，北班國制，南班漢制，各從其便焉。詳國服以著厥始云。

祭服：遼國以祭山爲大禮，服飾尤盛。

大祀，皇帝服金文金冠，白綾袍，紅帶，縣魚，三山紅垂飾犀玉刀錯，絡縫烏鞾。小祀，皇帝硬帽，紅克絲龜文袍。皇后戴紅帕，服絡縫紅袍，縣玉佩，雙同心帕，絡縫烏鞾。

臣僚、命婦服飾，各從本部旗幟之色。

朝服：太祖丙寅歲即皇帝位〔一一〕，朝服衷甲，以備非常。其後行瑟瑟禮、大射柳，即此服。聖宗統和元年册承天皇太后，給三品以上用漢法服，三品以下用大射柳之服。

皇帝服實里薛袞冠，絡縫紅袍，垂飾犀玉帶錯，絡縫靴，謂之國服袞冕。太宗更以錦袍、金帶。

臣僚戴氈冠，金花爲飾，或加珠玉翠毛，額後垂金花，織成夾帶，中貯髮一總。或紗冠，制如烏紗帽，無簷，不擫雙耳，額前綴金花，上結紫帶，末綴珠。服紫窄袍，繫鞊鞢帶，以黄紅色絛裹革爲之，用金玉、水晶、靛石綴飾，謂之「盤紫」。太宗更以錦袍、金帶。會同元年，羣臣高年有爵秩者，皆賜之。

公服：謂之「展裹」，著紫。興宗重熙二十二年，詔八房族巾幘〔一二〕。道宗清寧元年，詔非勳戚之後及夷离堇、副使并承應有職事人，不帶巾。

皇帝紫皂幅巾，紫窄袍，玉束帶，或衣紅襖；臣僚亦幅巾，紫衣。

常服：

宰相中謝儀，帝常服。高麗使入見儀，臣僚便衣，謂之「盤裹」。綠花窄袍，綠中單多紅綠色〔三〕。貴者披貂裘，以紫黑色爲貴，青次之。又有銀鼠，尤潔白。賤者貂毛、羊、鼠、沙狐裘。

田獵服：

皇帝幅巾，擐甲戎裝，以貂鼠或鵝項、鴨頭爲扞腰。蕃漢諸司使以上並戎裝，衣皆左衽，黑綠色。

弔服：太祖叛弟剌哥等降，素服受之。

素服，乘赭白馬。

漢服

黃帝始制冕冠章服，後王以祀以祭以享。夏收、殷冔、周弁以朝〔四〕，冠端以居，所以別尊卑、辨儀物也。厥後唐以冕冠、青衣爲祭服，通天、絳袍爲朝服，平巾幘、袍襴爲常服。

大同元年正月朔，太宗皇帝入晉，備法駕，受文武百官賀于汴京崇元殿，自是日以爲常。

是年北歸，唐、晉文物，遼則用之。左右采訂，摭其常用者存諸篇。

祭服：終遼之世，郊丘不建，大裘冕服不書。

衮冕，祭祀宗廟、遣上將出征、飲至、踐阼、加元服、納后若元日受朝則服之。金飾，垂白珠十二旒，以組爲纓，色如其綬，黈纊充耳，玉簪導。玄衣、纁裳十二章：八章在衣，日、月、星、龍、華蟲、火、山、宗彝〔五〕；四章在裳，藻、粉米、黼、黻。衣褾領爲升龍織成文。各爲六等。龍、山以下，每章一行，行十二。白紗中單，黼領，青褾、襈、裾，黻，革帶、大帶、劍、佩、綬，舄加金飾。元日朝會儀，皇帝服衮冕。

朝服：乾亨五年，聖宗册承天太后，給三品以上法服。雜禮，册承天太后儀，侍中就席，解劍脱履。重熙五年尊號册禮〔六〕，皇帝服龍衮，北南臣僚並朝服。蓋遼制，會同中，太后、北面臣僚國服，皇帝、南面臣僚漢服；乾亨以後，大禮雖北面三品以上亦用漢服；重熙以後，大禮並漢服矣。常朝仍遵會同之制。

皇帝通天冠，諸祭還及冬至、朔日受朝、臨軒拜王公、元會、冬會服之。冠加金博山，附蟬十二，首施珠翠。黑介幘，髮纓翠緌，玉若犀簪導。絳紗袍，白紗中單，褾領，朱襈裾，白裙襦，絳蔽膝，白假帶，方心曲領。其革帶、佩、劍、綬、韈、舄〔七〕。若未加元服，則雙童髻，空頂黑介幘，雙玉導，加寶飾。元日上壽儀，皇帝服通天冠，絳紗袍。

皇太子遠遊冠，謁廟還宮、元日、冬至、朔日入朝服之。三梁冠，加金附蟬九，首施珠翠。黑介幘，髮纓翠緌，犀簪導。絳紗袍，白紗中單，皁領、褾、襈、裾，白裙襦，白假帶，方心曲領，絳紗蔽膝。其革帶、劍、佩、綬、韈、舄與上同，後改用白韈、黑舄。未冠，則雙童髻，空頂黑介幘，雙玉導，加寶飾。册皇太子儀，皇太子冠遠遊，服絳紗袍。

親王遠遊冠，陪祭、朝饗、拜表、大事服之。冠三梁，加金附蟬。黑介幘，青緌，導。絳紗單衣，白紗中單，皁領、襈、裾，白裙襦。革帶鉤䚢，假帶，曲領方心，絳紗蔽膝，韈、舄、劍、佩、綬。二品以上同。

諸王遠遊冠，三梁，黑介幘，青緌。

三品以上進賢冠，三梁，寶飾。

五品以上進賢冠，二梁，金飾。

九品以上進賢冠，一梁，無飾。

七品以上去劍、佩、綬。

八品以下同公服。

公服：勘箭儀，閤使公服，繫履。遼國嘗用公服矣。

皇帝翼善冠，朔視朝用之。柘黄袍，九環帶，白練裙襦，六合鞾。

皇太子遠遊冠，五日常朝、元日、冬至受朝服。絳紗單衣，白裙襦，革帶金鈎䚢，假帶，方心，紛，鞶囊，白韈，烏皮履。

一品以下、五品以上，冠幘纓，簪導，謁見東宮及餘公事服之。絳紗單衣，白裙襦，帶鈎䚢，假帶，方心，韈履，紛，鞶囊。

六品以下，冠幘纓，簪導，去紛、鞶囊，餘並同。

常服：遼國謂之「穿執」。起居禮，臣僚穿執。言穿鞾、執笏也。

皇帝柘黄袍衫，折上頭巾，九環帶，六合鞾，起自宇文氏。唐太宗貞觀已後，非元日、冬至受朝及大祭祀，皆常服而已。

皇太子進德冠，九琪，金飾，絳紗單衣，白裙襦，白韈，烏皮履。

五品以上，幞頭，亦曰折上巾，紫袍，牙笏，金玉帶。文官佩手巾、筭袋、刀子、礪石、金魚袋；武官鞊鞢七事：佩刀、刀子、磨石、契苾真、噦厥、針筒、火石袋〔八〕，烏皮六合鞾。

六品以下，幞頭，緋衣，木笏，銀帶，銀魚袋佩，鞾同。

八品、九品，幞頭，緑袍，鍮石帶，鞾同。

校勘記

〔一〕太祖丙寅歲即皇帝位　據本書卷一太祖紀一，丙寅歲十二月羣臣勸進，丁卯歲正月庚寅即皇帝位。

〔二〕興宗重熙二十二年詔八房族巾幘　據本書卷二〇興宗紀三，詔八房族巾幘乃重熙二十三年七月己卯事。

〔三〕緑花窄袍緑中單多紅緑色　元刊本契丹國志卷二三衣服制度云：「丈夫或緑中單，緑花窄袍，中單多紅緑色。」長編卷九七宋綬契丹風俗同。按此處表義不諧，蓋節取史文不當所致，「中單」前「緑」字疑衍。

〔四〕夏收殷冔周弁以朝　「夏」，原作「唐」。按儀禮卷三士冠禮云：「周弁，殷冔，夏收。」今據改。

〔五〕八章在衣日月星龍華蟲火山宗彝　舊唐書卷四五輿服志云：「八章在衣，日、月、星、龍、山、華蟲、火、宗彝。」「龍」、「山」連書，故下文稱「龍、山以下，每章一行」云云。按此處蓋襲用其文而八章順序略有不同，致上下文有失照應。

〔六〕重熙五年尊號册禮　「五年」，疑當作「元年」。按上太后、皇帝尊號册禮事，見本書卷一八興宗紀一重熙元年十一月己卯，五年無此事。

〔七〕其革帶佩劍綬韈舄　疑文有闕誤。按舊唐書卷四五輿服志云：「其革帶、珮、劍、綬、襪、舄與上同。」蓋指與天子大裘冕同。

〔八〕武官鞊鞢七事佩刀刀子磨石契苾真噦厥針筒火石袋　「針筒」原作「計筒」，「火石袋」原作

「大石袋」。按舊唐書卷四五輿服志云：「武官五品以上佩鞊韘七事，七謂佩刀、刀子、礪石、契苾真、噦厥、針筒、火石袋等也。」今據改。

遼史卷五十七

志第二十六

儀衛志三

符印

遥輦氏之世，受印于回鶻。至耶瀾可汗請印於唐，武宗始賜「奉國契丹印」。太祖神册元年，梁幽州刺史來歸，詔賜印綬。是時，太祖受位遥輦十年矣。會同九年，太宗伐晉，末帝表上傳國寶一、金印三，天子符瑞於是歸遼。

傳國寶，秦始皇作，用藍玉，螭紐，六面，其正面文「受命于天，既壽永昌」，魚鳥篆。子嬰以上漢高祖。王莽篡漢，平皇后投璽殿階，螭角微玷。獻帝失之，孫堅得于井中，傳至孫權，以歸于魏。魏文帝隸刻肩際曰「大魏受漢傳國之寶」。唐更名「受命寶」。晉亡歸遼。自三國以來，僭僞諸國往往模擬私製，歷代府庫所藏不一，莫辨真僞。聖宗開泰十年，馳驛取石晉所上玉璽于中京。興宗重熙七年，以有傳國寶者爲正統賦試進士。天祚保大二年，遺傳國璽于桑乾河。

玉印，太宗破晉北歸，得于汴宮，藏隨駕庫。穆宗應曆二年，詔用太宗舊寶〔一〕。

御前寶，金鑄，文曰「御前之寶」，以印臣僚宣命。

詔書寶，文曰「書詔之寶」，凡書詔批答用之。

契丹寶，受契丹册儀，符寶郎捧寶置御坐東。

金印三，晉帝所上，其文未詳。

皇太后寶，制未詳。天顯二年，應天皇后稱制，羣臣上璽綬。册承天皇太后儀，符寶郎奉寶置皇太后坐右。

皇后印，文曰「皇后教印」。

皇太子寶，未詳其制。重熙九年册皇太子儀，中書令授皇太子寶。

印

吏部印，文曰「吏部之印」，銀鑄，以印文官制誥。

兵部印，文曰「兵部之印」，銀鑄，以印軍職制誥〔二〕。契丹樞密院、契丹諸行軍部署、漢人樞密院、中書省、漢人諸行宮都部署印，並銀鑄，文不過六字。以上以銀朱爲色。

南北王以下内外百司印，並銅鑄，以黄丹爲色，諸税務以赤石爲色。杓窊印，杓窊，鷙鳥之總名，以爲印紐，取疾速之義。行軍詔賜將帥用之。道宗賜耶律仁先鷹紐印，即此。

符契

自大賀氏八部用兵，則合契而動，不過刻木爲牉合。太祖受命，易以金魚。金魚符七枚，黄金鑄，長六寸，各有字號，每魚左右判合之。有事，以左半先授守將，使者執右半，大小、長短、字號合同，然後發兵。事訖，歸于内府。銀牌二百面，長尺，刻以國字，文曰「宜速」，又曰「敕走馬牌」。國有重事，皇帝以牌親授使者，手劄給驛馬若干。驛馬闕，取它馬代。法，晝夜馳七百里，其次五百里。所至如天子親臨，須索更易，無敢違者。使回，皇帝親受之，手封，牌印郎君收掌。木契，正面爲陽，背面爲陰，閤門喚仗則用之。朝賀之禮，宣徽使請陽面木契下殿，至于殿門，以契授西上閤門使云：「授契行勘。」勘契官聲喏，跪受契，舉手勘契同，俛興，鞠躬，奏「内外勘契同」。閤門使云：「准敕勘契，行勘。」勘契官執陰面木契聲喏，平身立，少退近後，引聲云「軍將門仗官」，齊聲喏。勘契官云：「内出喚仗木契一隻，准敕付左右金吾仗行勘。」勘契官云「合不合」，門仗官云「合」，凡再。勘契官云「同不同」，門仗官云「同」，亦再。勘契官近前鞠躬，奏：「勘官左金吾引駕仗、勾畫都知某官某，對御勘同。」平身，少退近後，右手舉契云：「其契謹付閤門使進入。」閤門使引聲喏，門仗官下聲喏。勘契官跪以契授，閤門使上殿納契，宣徽使受契。閤門使下殿，奉敕喚仗。

木箭，内箭爲雄，外箭爲雌，皇帝行幸則用之。還宮，勘箭官執雌箭，東上閤門使執雄箭，如勘契之儀，詳具禮儀志。

校勘記

〔一〕穆宗應曆二年詔用太宗舊寶　據本書卷六穆宗紀上，此事在應曆三年二月。

〔二〕以印軍職制誥　「以」字原闕，據明鈔本、南監本、北監本、殿本補。

遼史卷五十八

志第二十七

儀衛志四

儀仗〔一〕

帝王處則重門擊柝，出則以師兵爲營衛，勞人動衆，豈得已哉。天下大患生於大欲，不得不遠慮深防耳。智英勇傑、魁臣雄藩於是乎在，寓武備於文物之中，此儀仗所由設也。

金吾、黄麾六軍之仗，遼受之晉，晉受之後唐，後唐受之梁、唐，其來也有自。耶律儼、陳大任舊志有未備者，兼考之遼朝雜禮云。

國仗

王通氏言，舜歲徧四岳，民不告勞，營衛省、徵求寡耳。遼太祖匹馬一麾，斥地萬里，經營四方，未嘗寧居，所至樂從，用此道也。太宗兼制中國，秦皇、漢武之儀文日至，後嗣因之。旄頭豹尾，馳驅五京之間，終歲勤動，轍迹相尋。民勞財匱，此之故歟〔三〕。遼自大賀氏摩會受唐鼓纛之賜，是爲國仗。其制甚簡，太宗伐唐、晉以前，所用皆是物也。著于篇首，以見艱難創業之主，豈必厚衛其身云。

十二神纛，

十二旗，

十二鼓，

曲柄華蓋，

直柄華蓋。

遥輦末主遺制，迎十二神纛、天子旗鼓置太祖帳前。諸弟剌哥等叛，匀德實縱火焚行宫，皇后命曷古魯救之，止得天子旗鼓。太宗即位，置旗鼓、神纛于殿前。聖宗以輕車儀衛拜帝山。

渤海仗

天顯四年，太宗幸遼陽府，人皇王備乘輿羽衞以迎。乾亨五年，聖宗東巡，東京留守具儀衞迎車駕。此故渤海儀衞也。

漢仗

大賀失活入朝于唐，娑固兄弟繼之，尚主封王，飫觀上國。開元東封，邵固扈從，又覽太平之盛。自是朝貢歲至于唐。遼始祖涅里立遥輦氏，世爲國相，目見耳聞，歆企帝王之容輝有年矣。遥輦致鼓纛於太祖帳前，曾何足以副其雄心霸氣之所睥睨哉。厥後交梁聘唐，不憚勞勩。至於太宗，立晉以要册禮，入汴而收法物，然後累世之所願欲者，一舉而得之。太原擅命，力非不敵，席卷法物，先致中京，蹝棄山河，不少顧慮，志可知矣。於是秦、漢以來帝王文物盡入于遼；周、宋按圖更製，乃非故物。遼之所重，此其大端，故特著焉。

太宗會同元年，晉使馮道備車輅法物，上皇太后册禮；劉昫、盧重備禮，上皇帝尊號。

三年，上在薊州觀導駕儀衛圖，遂備法駕幸燕，御元和殿行入閤禮。

六年，備法駕幸燕，迎導御元和殿。

大同元年正月朔，備法駕至汴，上御崇元殿，受文武百僚朝賀。自是日以爲常。二月朔，上御崇元殿，備禮受朝賀。三月，將幸中京鎮陽，詔收鹵簿法物，委所司押領先往。未幾鎮陽入漢，鹵簿法物隨世宗歸于上京。四月，皇太弟李胡遣使問軍事，上報曰，朝會起居如禮。是月，太宗崩，世宗即位，鹵簿法物備而不御。

穆宗應曆元年，詔朝會依嗣聖皇帝故事，用漢禮。

景宗乾亨五年二月，神柩升轀輬車，具鹵簿儀衛。六月，聖宗至上京，留守具法駕迎導。

聖宗統和元年，車駕還上京，迎導儀衛如式。

三年，駕幸上京，留守具儀衛奉迎。

四年，燕京留守具儀衛導駕入京，上御元和殿，百僚朝賀。

是後，儀衛常事，史不復書。

鹵簿儀仗人數馬匹

步行擎執二千四百一十二人，坐馬擎執二百七十五人，坐馬樂人二百七十三人，步行教坊人七十一人，御馬牽攏官五十二人，御馬二十六匹，官僚馬牽攏官六十六人，坐馬挂甲人五百九十八人，步行挂甲人百六十人，金甲二人，神輿十二人，長壽仙一人，諸職官等三百五人，内侍一人，引稍押衙二人，赤縣令一人，府牧一人，府吏二人，少尹一人，司録一人，功曹一人，太常少卿一人，太常丞一人，太常博士一人，司徒一人，太僕卿一人，鴻臚卿一人，大理卿一人，御史大夫一人，侍御史二人，殿中侍御史二人，監察御史一人，兵部尚書一人，兵部侍郎一人，兵部郎中一人，兵部員外郎一人，符寶郎一人，左右諸衛將軍三十五人，左右諸折衝二十一人，左右諸果毅二十八人，尚乘奉御二人，排仗承直二人，左右夾騎二人，都頭六人，主帥一十四人，教坊司差。押纛二人，左右金吾四人，虞候佽飛一十六人，鼓吹令二人，漏刻生二人，押當官一人，司天監一人，令史一人，司辰一人，統軍六人，千牛備身二人，左右親勳二人，左右郎將四人，左右拾遺二人，左右補闕二人，起居舍人一人，左右諫議大夫二人，給事中書舍人二人〔三〕，左右散騎常侍二人，門下侍郎二人，中書侍郎二人，鳴鞭二人，内侍内差。侍中一人，中書令一人，監門校尉二人，排列官二人，武衛隊正一人，隨駕諸司供奉官三十人，三班供奉官六十人，通事舍人四人，御史中丞二人，乘黄丞二人，都尉一人，太僕卿一人〔四〕，步行太卜令一人。職官乘馬三百四匹，進馬四匹，駕車馬二十八匹。人之數凡四千二百三十有九，馬之數凡千五百二十。

得諸本朝太常卿徐世隆家藏遼朝雜禮者如是。至於儀注之詳，不敢傅會云。

校勘記

〔一〕儀仗　此目原闕。按本書卷五五儀衞志一總序云：「考遼所有輿服、符璽、儀仗，作儀衞志。」前有「輿服」、「符印」兩目，今據補。

〔二〕此之故歟　「之故」，原作「故之以」，據大典卷七七〇二引遼史儀衞志及明鈔本、南監本、北監本、殿本改。

〔三〕給事中書舍人二人　據本書卷四七百官志三，應作「給事中、中書舍人二人」。

〔四〕太僕卿一人　上文已見「太僕卿一人」。此處疑爲重出，或有訛誤。

遼史卷五十九

志第二十八

食貨志上

契丹舊俗，其富以馬，其强以兵。縱馬於野，弛兵於民。有事而戰，彍騎介夫，卯命辰集。馬逐水草，人仰湩酪，挽强射生，以給日用，糗糧芻茭，道在是矣。以是制勝，所向無前。及其有國，内建宗廟朝廷，外置郡縣牧守，制度日增，經費日廣，上下相師，服御浸盛，而食貨之用斯爲急矣。於是五京及長春、遼西、平州置鹽鐵、轉運、度支、錢帛諸司，以掌出納。其制數差等雖不可悉，而大要散見舊史。若農穀、租賦、鹽鐵、貿易、坑冶、泉幣、羣牧，逐類採摭，緝而爲篇，以存一代食貨之略。

初，皇祖勻德實爲大迭烈府夷离堇，喜稼穡，善畜牧，相地利以教民耕。仲父述瀾爲于越，飭國人樹桑麻，習組織。太祖平諸弟之亂，弭兵輕賦，專意於農。嘗以户口滋繁，糺轄疎遠，分北大濃兀爲二部，程以樹藝，諸部效之。

太宗會同初，將東獵，三剋奏減輜重，疾趨北山取物，以備國用，無害農務。尋詔有司勸農桑，教紡績。以烏古之地水草豐美，命甌昆石烈居之，益以海勒水之善地爲農田。三年，詔以諧里河、臚朐河近地，賜南院歐堇突呂、乙斯勃，北院温納河剌三石烈人〔一〕，以事耕種。八年，駐蹕赤山，宴從臣，問軍國要務。左右對曰：「軍國之務，愛民爲本。民富則兵足，兵足則國彊。」上深然之。是年，詔徵諸道兵，仍戒敢有傷禾稼者以軍法論〔二〕。

應曆間，雲州進嘉禾，時謂重農所召。保寧七年，漢有宋兵，使來乞糧，詔賜粟二十萬斛助之〔三〕。非經費有餘，其能若是？

聖宗乾亨五年詔曰：「五稼不登，開帑藏而代民税〔四〕；螟蝗爲災，罷徭役以恤饑貧。」帝常過藁城，見乙室奥隗部下婦人迪輦等黍過熟未獲，遣人助刈。太師韓德讓言，兵後逋民棄業，禾稼棲畝，募人獲之，以半給穫者。政事令室昉亦言，山西諸州給軍興，民力凋敝〔五〕，田穀多躪於邊兵，請復今年租。統和六年〔六〕，霜旱，災民饑，詔三司，舊以税錢折粟，估價不實，其增以利民。又徙吉避寨居民三百户于檀、順、薊三州〔七〕，擇沃壤，給牛、種穀。十三年，詔諸道置義倉。歲秋，社民隨所獲，户出粟庤倉，社司籍其目。歲儉，發以振民。十五年，詔免南京舊欠義倉粟，仍禁諸軍官非時畋牧妨農〔八〕。開泰元年，詔曰：「朕惟百姓徭役煩重，則多給工價；年穀不登，發倉以貸；田園蕪廢者，則給牛、種以助之。」太平初幸燕，燕民以年豐進土産珍異。上禮高年，惠鰥寡，賜酺連日。九年，燕地饑，户部副使王嘉請造船，募習海漕者，移遼東粟餉燕，議者稱道險不便而寢。

興宗即位，遣使閱諸道禾稼。是年，通括户口，詔曰：「朕於早歲，習知稼穡。力辦者廣務耕耘，罕聞輸納；家食者全虧種植，多至流亡。宜通檢括，普遂均平。」禁諸職官不得擅造酒糜穀；有婚祭者，有司給文字始聽。

道宗初年，西北雨穀三十里〔九〕，春州斗粟六錢〔一〇〕。時西蕃多叛，上欲爲守禦計，命耶律唐古督耕稼以給西軍。唐古率衆田臚朐河側，歲登上熟。移屯鎮州，凡十四稔，積粟數十萬斛，每斗不過數錢〔一一〕。以馬人望前爲南京度支判官，公私兼裕，檢括户口，用法平恕，乃遷中京度支使。視事半歲，積粟十五萬斛，擢左散騎常侍。遼之農穀至是爲盛。而東京如咸、信、蘇、復、辰、海、同、銀、烏、遂、春、泰等五十餘城内，沿邊諸州，各有和糴倉，依祖宗法，出陳易新，許民自願假貸，收息二分。所在無慮二三十萬碩，雖累兵興，未嘗用乏。迨天慶間，金兵大入，盡爲所有。會天祚播遷，耶律敵烈等逼立梁王雅里，令羣牧人户運鹽濼倉粟，人户侵耗，議籍其產以償。雅里自定其直：粟一車一羊，三車一牛，五車一馬，八車一駝。從者曰：「今一羊易粟二斗，尚不可得，此直太輕。」雅里曰：「民有則我有。若令盡償，衆何以堪？」事雖無及，然使天未絕遼，斯言亦足以收人心矣。

夫賦稅之制，自太祖任韓延徽，始制國用。太宗籍五京户丁以定賦稅，户丁之數無所於考。聖宗乾亨間，以上京「云爲户」訾具實饒〔一三〕，善避繇役，遺害貧民，遂勒各户，凡子錢到本，悉送歸官，與民均差。統和中，耶律昭言，西北之衆，每歲農時，一夫偵候，一夫治公田，二夫給糺官之役。當時沿邊各置屯田戍兵，易田積穀以給軍饟。故太平七年詔，諸屯田在官斛粟不得擅貸，在屯者力耕公田，不輸稅賦，此公田制也。餘民應募，或治閑田，或治私田，則計畝出粟以賦公上。十五年，募民耕灤河曠地，十年始租，此在官閑田制也。又詔山前後未納稅户，並於密雲、燕樂兩縣，占田置業入稅，此私田制也。各部大臣從上征伐，俘掠人户，自置郛郭，爲頭下軍州。凡市井之賦，各歸頭下，惟酒稅赴納上京，此分頭下軍州賦爲二等也。

先是，遼東新附地不榷酤，而鹽麴之禁亦弛。馮延休、韓紹勳相繼商利，欲與燕地平山例加繩約，其民病之，遂起大延琳之亂。連年詔復其租，民始安靖。南京歲納三司鹽鐵錢折絹，大同歲納三司稅錢折粟。開遠軍故事，民歲輸稅，斗粟折五錢，耶律抹只守郡，表請折六錢，亦皆利民善政也。

校勘記

〔一〕「諧里河」至「北院温納河剌三石烈人」　「諧里河」，本書卷四太宗紀下會同三年八月作「于諧里河」。「温納河剌」，卷三三營衛志下六院部作「斡納阿剌」，「河」、「阿」二字當有一誤。

〔二〕是年詔徵諸道兵仍戒敢有傷禾稼者以軍法論　此處繫年疑誤。按本書卷四太宗紀下繫此事於會同九年七月辛亥。

〔三〕保寧七年漢有宋兵使來乞糧詔賜粟二十萬斛助之　此處繫年疑誤。按長編卷一七開寶九年八月丁未條，宋伐北漢乃遼保寧八年事。本書卷八景宗紀上，北漢乞糧事在保寧八年十二月；卷九景宗紀下，助粟二十萬斛事在保寧九年三月。

〔四〕開帑藏而代民稅　「藏」字原闕，據明鈔本、南監本、北監本、殿本補。

〔五〕民力凋敝　「敝」，原作一字空格，據明鈔本、南監本、北監本、殿本補。

〔六〕統和六年　「統和」二字原闕。按本書卷一二聖宗紀三及卷六九部族表，自上文「帝常過藁城」下皆統和三、四年事。今據補。又下文「十五年」上原有「統和」二字，今刪。

〔七〕又徙吉避寨居民三百户于檀順薊三州　本書卷一二聖宗紀三統和七年二月，「吉避寨」作「雞壁砦」，「三百户」作「二百户」。

〔八〕「十五年」至「仍禁諸軍官非時畋牧妨農」　本書卷一三聖宗紀四繫此事於統和十四年十一月甲戌。

〔九〕西北雨穀三十里　「西北」下疑脱「路」字。按本書卷二二道宗紀二咸雍四年六月壬子云：「西北路雨穀，方三十里。」

〔一〇〕道宗初年西北雨穀三十里春州斗粟六錢　此處云「道宗初年」，不確。按本書卷二二道宗紀二，「雨穀」事見於咸雍四年六月壬子，「春州斗粟六錢」事見於咸雍七年。

〔一一〕「時西蕃多叛」至「每斗不過數錢」　此處繫年於道宗朝，疑誤。按本書卷九一耶律唐古傳，此係聖宗統和間事，且唐古興宗重熙四年即已致仕。

〔一二〕以上京云爲户訾具實饒　「云爲户」僅見於此，按本書卷一一六國語解云：「云爲户，義即營運，字之訛。」蓋係元朝史官猜度之辭。

遼史卷六十

志第二十九

食貨志下

征商之法，則自太祖置羊城于炭山北，起榷務以通諸道市易。太宗得燕，置南京，城北有市，百物山偫，命有司治其征；餘四京及它州縣貨産懋遷之地，置亦如之。東平郡城中置看樓，分南、北市，禺中交易市北，午漏下交易市南。雄州、高昌、渤海亦立互市，以通南宋、西北諸部、高麗之貨，故女直以金、帛、布、蜜蠟、諸藥材及鐵离、靺鞨、于厥等部以蛤珠、青鼠、貂鼠、膠魚之皮、牛羊駝馬、毳罽等物，來易於遼者，道路繦屬。聖宗乾亨間，燕京留守司言，民艱食，請弛居庸關税，以通山西糴易〔一〕。又令有司諭諸行宫，布帛短狹不中尺度者，不鬻於市。明年，詔以南、北府市場人少，宜率當部車百乘赴集。開奇峰路以通易州貿易。二十三年，振武軍及保州並置榷場。時北院大王耶律室魯以俸羊多闕，部人貧乏，請以羸老之羊及皮毛易南中之絹，上下爲便。至天祚之亂，賦斂既重，交易法壞，財日匱而民日困矣。

鹽筴之法，則自太祖以所得漢民數多，即八部中分古漢城別爲一部治之。城在炭山南，有鹽池之利，即後魏滑鹽縣也，八部皆取食之。及征幽、薊還，次于鶴剌濼，命取鹽給軍。自後濼中鹽益多，上下足用。會同初，太宗有大造於晉，晉獻十六州地，而瀛、莫在焉，始得河間煮海之利，置榷鹽院於香河縣，於是燕、雲迤北暫食滄鹽。一時產鹽之地如渤海、鎮城、海陽、豐州、陽洛城、廣濟湖等處，五京計司各以其地領之。其煎取之制，歲出之額，不可得而詳矣。

坑冶，則自太祖始併室韋，其地產銅、鐵、金、銀，其人善作銅、鐵器。又有曷朮部者多鐵；「曷朮」，國語鐵也。部置三冶：曰柳濕河，曰三黜古斯，曰手山。神冊初，平渤海，得廣州，本渤海鐵利府，改曰鐵利州〔三〕，地亦多鐵。東平縣本漢襄平縣故地，產鐵卝，置採煉者三百户，隨賦供納。以諸坑冶多在國東，故東京置户部司，長春州置錢帛司。太祖征幽、薊，師還，次山麓，得銀、鐵卝，命置冶。聖宗太平間，於潢河北陰山及遼河之源，各得金、銀卝，興冶採煉。自此以訖天祚，國家皆賴其利。

鼓鑄之法，先代撒剌的爲夷离堇，以土產多銅，始造錢幣。太祖其子，襲而用之，遂致富彊，以開帝業。太宗置五冶太師，以總四方錢鐵。石敬瑭又獻沿邊所積錢，以備軍實。景宗以舊錢不足於用，始鑄乾亨新錢，錢用流布。聖宗鑿大安山，取劉守光所藏錢〔三〕，散諸五計司，兼鑄太平錢，新舊互用。由是國家之錢，演迤域中。所以統和出内藏錢，賜南京諸軍司。開泰中，詔諸道，貧乏百姓，有典質男女，計傭價日以十文；折盡，還父母。每歲春秋，以官錢宴饗將士，錢不勝多，故東京所鑄至清寧中始用。是時，詔禁諸路不得貨銅鐵，以防私鑄，又禁銅鐵賣入回鶻，法益嚴矣。道宗之世，錢有四等：曰咸雍，曰大康，曰大安，曰壽隆，皆因改元易名。其肉好、銖數亦無所考。第詔楊遵勗徵户部司逋户舊錢，得四十餘萬繦，拜樞密直學士；劉伸爲户部使，歲入羨餘錢三十萬繦，擢南院樞密使〔四〕；其以災沴，出錢以振貧乏及諸宫分邊戍人户。是時，雖未有貫朽不可較之積，亦可謂富矣。至其末年，經費浩穰，鼓鑄仍舊，國用不給。雖以海雲佛寺千萬之助，受而不拒，尋禁民錢不得出境。天祚之世，更鑄乾統、天慶二等新錢，而上下窮困，府庫無餘積。

始太祖爲迭烈府夷离堇也，懲遥輦氏單弱，於是撫諸部，明賞罰，不妄征討，因民之利而利之，羣牧蕃息，上下給足。及即位，伐河東，下代北郡縣〔五〕，獲牛、羊、駝、馬十餘萬。樞密使耶律斜軫討女直，復獲馬二十餘萬，分牧水草便地，數歲所增不勝筭。當時，括富人馬，不加多，賜大、小鶻軍萬餘疋，不加少，蓋畜牧有法然也。咸雍五年，蕭陶隗爲馬羣太保，上書猶言羣牧名存實亡，上下相欺，宜括實數以爲定籍。厥後東丹國歲貢千疋〔六〕，女直萬疋，直不古等國萬疋，阻卜及吾獨婉、惕德各二萬疋〔七〕，西夏、室韋各三百疋，越里篤、剖阿里、奥里米、蒲奴里、鐵驪等諸部三百疋；仍禁朔州路羊馬入宋，吐渾、党項馬鬻于夏。以故羣牧滋繁，數至百有餘萬，諸司牧官以次進階。自太祖及興宗垂二百年，羣牧之盛如一日。天祚初年，馬猶有數萬羣，每羣不下千疋。祖宗舊制，常選南征馬數萬疋，牧于雄、霸、清、滄間，以備燕、雲緩急；復選數萬，給四時遊畋；餘則分地以牧。法至善也。至末年，累與金戰，番漢戰馬損十六七，雖增價數倍，竟無所買，乃冒法買官馬從軍。諸羣牧私賣日多，畋獵亦不足用，遂爲金所敗。棄衆播遷，以訖于亡。松漠以北舊馬，皆爲大石林牙所有。

遼之食貨其可見者如是耳。至於鄰國歲幣，諸屬國歲貢土宜，雖累朝軍國經費多所仰給，然非本國所出，況名數已見本紀，茲不復載。

夫冀北宜馬，海濱宜鹽，無以議爲。遼地半沙磧，三時多寒，春秋耕穫及其時，黍稌高下因其地，蓋不得與中土同矣。然而遼自初年，農穀充羡，振饑恤難，用不少靳，旁及鄰國，沛然有餘，果何道而致其利歟？此無他，勸課得人，規措有法故也。

世之論錢幣者，恒患其重滯之難致，鼓鑄之弗給也，於是楮幣權宜之法興焉。西北之通舟楫，比之東南，十纔一二。遼之方盛，貨泉流衍，國用以殷，給戍賞征，賜與億萬，未聞有所謂楮幣也，又何道而致其便歟？此無他，舊儲新鑄，並聽民用故也。

孟子曰：「周于利者，凶年不能殺。」人力苟至，一夫猶足以勝時災，況爲國乎。以是知善謀國者，有道以制天時、地利之宜，無往而不遂其志。食莫大於穀，貨莫大於錢，特志二者，以表遼初用事之臣，亦善裕其國者矣。

校勘記

〔一〕「聖宗乾亨間」至「以通山西糴易」　此處云「乾亨間」，不確。按乾亨五年六月改元統和，本書卷一〇聖宗紀一繫此事於統和元年九月。又下文「二十三年」即指統和二十三年。

〔二〕「神册初」至「改曰鐵利州」　此處繫年疑誤。按本書卷二太祖紀下，天顯元年二月平渤海，非神册初。又據卷三八地理志二，渤海原有鐵利郡，太祖遷渤海人建鐵利州，統和八年省，開泰七年置爲廣州。

〔三〕取劉守光所藏錢　「劉守光」，疑當作「劉仁恭」。參見卷一三聖宗紀四校勘記〔二〇〕。

〔四〕擢南院樞密使　「樞密使」，疑當作「樞密副使」。按本書卷九八劉伸傳云：「拜南院樞密副使。」又卷二二道宗紀二咸雍二年五月：「辛巳，以户部使劉詵爲樞密副使。」此劉詵即劉伸。

〔五〕及即位伐河東下代北郡縣　此處所記不確。按本書卷一太祖紀上，伐河東代北事在唐天復二年，阿保機即位前五年。

〔六〕厥後東丹國歲貢千疋　此處敍事時序淆亂。按本書卷二太祖紀下，天顯元年二月改渤海爲東丹國。東丹歲貢馬千匹，見卷七二義宗倍傳。然道宗時東丹國早已不存。下文越里篤等諸部歲貢馬三百疋句誤同。

〔七〕惕德各二萬疋　「惕德」，原作「惕隱」。按本書卷二五道宗紀五大安十年正月癸未、六月癸巳及卷六九部族表皆作「惕德」。今據改。

遼史卷六十一

志第三十

刑法志上

刑也者，始於兵而終於禮者也。鴻荒之代，生民有兵，如蠭有螫，自衞而已。蚩尤惟始作亂，斯民鴟義，姦宄並作，刑之用豈能已乎？帝堯清問下民，乃命三后恤功於民，伯夷降典，折民惟刑。故曰刑也者，始於兵而終於禮者也。先王順天地四時以建六卿。秋，刑官也，象時之成物焉。秋傳氣於夏，變色於春，推可知也。

遼以用武立國，禁暴戢姦，莫先於刑。國初制法，有出於五服、三就之外者，兵之勢方張，禮之用未遑也。及阻午可汗知宗室雅里之賢，命爲夷离堇以掌刑辟，豈非士師之官，非賢者不可爲乎。太祖、太宗經理疆土，擐甲之士歲無寧居，威克厥愛，理勢然也。子孫相繼，其法互有輕重；中間能審權宜，終之以禮者，惟景、聖二宗爲優耳。

然其制刑之凡有四：曰死，曰流，曰徒，曰杖。死刑有絞、斬、凌遲之屬，又有籍没之法。流刑量罪輕重，寘之邊城部族之地，遠則投諸境外，又遠則罰使絶域。徒刑一曰終身，二曰五年，三曰一年半；終身者決五百，其次遞減百；又有黥刺之法。杖刑自五十至三百〔一〕，凡杖五十以上者，以沙袋決之；又有木劍、大棒、鐵骨朵之法。木劍、大棒之數三，自十五至三十；鐵骨朵之數，或五、或七。有重罪者，將決以沙袋，先于脽骨之上及四周擊之。拷訊之具，有麤、細杖及鞭、烙法。麤杖之數二十；細杖之數三，自三十至于六十。鞭、烙之數，凡烙三十者鞭三百，烙五十者鞭五百。被告諸事應伏而不服者，以此訊之。品官公事誤犯，民年七十以上、十五以下犯罪者，聽以贖論。贖銅之數，杖一百者，輸錢千。亦有八議、八縱之法。籍没之法，始自太祖爲撻馬狘沙里時，奉痕德堇可汗命，案于越釋魯遇害事，以其首惡家屬没入瓦里。及淳欽皇后時析出，以爲著帳郎君，至世宗詔免之。其後内外戚屬及世官之家，犯反逆等罪，復没入焉；餘人則没爲著帳户；其没入宮分、分賜臣下者亦有之。木劍、大棒者，太宗時制。木劍面平背隆，大臣犯重罪，欲寬宥則擊之。沙袋者，穆宗時制，其制用熟皮合縫之，長六寸，廣二寸，柄一尺許。徒刑之數詳于重熙制，杖刑以下之數詳于咸雍制；其餘非常用而無定式者，不可殫紀。

太祖初年，庶事草創，犯罪者量輕重決之。其後治諸弟逆黨，權宜立法。親王從逆，不磬諸甸人，或投高崖殺之；淫亂不軌者，五車轘殺之；逆父母者視此；訕詈犯上者，以熟鐵錐摏其口殺之。從坐者，量罪輕重杖決。杖有二：大者重錢五百，小者三百。又爲梟磔、生瘞、射鬼箭、砲擲、支解之刑。歸於重法，閑民使不爲變耳。歲癸酉，下詔曰：「朕自北征以來，四方獄訟，積滯頗多。今休戰息民，羣臣其副朕意，詳決之，無或寃枉。」乃命北府宰相蕭敵魯等分道疏決。有遼欽恤之意，昉見于此。神册六年，克定諸夷，上謂侍臣曰：「凡國家庶務，鉅細各殊，若憲度不明，則何以爲治，羣下亦何由知禁。」乃詔大臣定治契丹及諸夷之法，漢人則斷以律令，仍置鍾院以達民寃。

至太宗時，治渤海人一依漢法，餘無改焉。會同四年，皇族舍利郎君謀毒通事解里等，已中者二人，命重杖之，及其妻流于厥拔离弭河，族造藥者。

世宗天禄二年，天德、蕭翰、劉哥及其弟盆都等謀反，天德伏誅，杖翰，流劉哥，遣盆都使轄戛斯國。夫四人之罪均而刑異。遼之世，同罪異論者蓋多。

穆宗應曆十二年，國舅帳郎君蕭延之奴海里强陵拽剌秃里年未及之女〔二〕，以法無文，加之宫刑，仍付秃里以爲奴。因著爲令。十六年，諭有司：「自先朝行幸頓次，必高立標識以禁行者。比聞楚古輩，故低置其標深草中，利人誤入，因之取財。自今有復然者，以死論。」然帝嗜酒及獵，不恤政事，五坊、掌獸、近侍、奉饍、掌酒人等，以獐鹿、野豕、鶻雉之屬亡失傷斃，及私歸逃亡，在告踰期，召不時至，或以奏對少不如意，或以飲食細故，或因犯者遷怒無辜，輒加炮烙鐵梳之刑。甚者至于無筭。或以手刃刺之，斬擊射燎，斷手足，爛肩股，折腰脛，劃口碎齒，棄尸于野。且命築封于其地，死者至百有餘人。京師置百尺牢以處繫囚。蓋其即位未久，惑女巫肖古之言，取人膽合延年藥，故殺人頗衆。後悟其詐，以鳴鏑叢射、騎踐殺之。及海里之死，爲長夜之飲，五坊、掌獸人等及左右給事誅戮者，相繼不絶。雖嘗悔其因怒濫刑，諭大臣切諫，在廷畏懦，鮮能匡救，雖諫又不能聽。當其將殺壽哥、念古，殿前都點檢耶律夷臘葛諫曰：「壽哥等斃所掌雉，畏罪而亡，法不應死。」帝怒，斬壽哥等，支解之。命有司盡取鹿人之在繫者凡六十五人，斬所犯重者四十四人，餘悉痛杖之。中有欲寘死者，賴王子必攝等諫得免。已而怒頗德飼鹿不時，致傷而斃，遂殺之。季年，暴虐益甚，嘗謂太尉化葛曰：「朕醉中有處決不當者，醒當覆奏。」徒能言之，竟無悛意，故及於難。雖云虐止褻御，上不及大臣，下不及百姓，然刑法之制，豈人主快情縱意之具邪。

景宗在潛，已監其失。及即位，以宿衛失職，斬殿前都點檢耶律夷臘葛〔三〕。趙王喜隱自囚所擅去械鏁，求見自辯，語之曰：「枉直未分，焉有出獄自辯之理？」命復縶之。既而躬録囚徒，盡召而釋之。保寧三年，以穆宗廢鐘院，窮民有冤者無所訴，故詔復之，仍命鑄鐘，紀詔其上，道所以廢置之意。吴王稍爲奴所告，有司請鞫，帝曰：「朕知其誣，若案問，恐餘人效之。」命斬以徇。五年，近侍實魯里誤觸神纛，法應死，杖而釋之。庶幾寬猛相濟。然緩于討賊，應曆逆黨至是始獲而誅焉，議者以此少之。

聖宗沖年嗣位，睿智皇后稱制，留心聽斷，嘗勸帝宜寬法律。帝壯，益習國事，鋭意於治。當時更定法令凡十數事，多合人心，其用刑又能詳慎。先是，契丹及漢人相毆致死，其法輕重不均，至是一等科之。統和十二年，詔契丹人犯十惡，亦斷以律。舊法，死囚尸市三日，至是一宿即聽收瘞。二十四年，詔主非犯謀反大逆及流死罪者，其奴婢無得告首；若奴婢犯罪至死，聽送有司，其主無得擅殺。二十九年，以舊法，宰相、節度使世選之家子孫犯罪，徒杖如齊民，惟免黥面，詔自今但犯罪當黥，即准法同科。開泰八年，以竊盜贓滿十貫，爲首者處死，其法太重，故增至二十五貫，其首處死，從者決流。嘗敕諸處刑獄有冤，不能申雪者，聽詣御史臺陳訴，委官覆問。往時大理寺獄訟，凡關覆奏者，以翰林學士、給事中、政事舍人詳決，至是始置少卿及正主之。猶慮其未盡，而親爲録囚。數遣使詣諸道審決冤滯，如邢抱朴之屬，所至，人自以爲無冤。

五院部民有自壞鎧甲者，其長佛奴杖殺之，上怒其用法太峻，詔奪官。吏以故不敢酷。撻剌干乃方十因醉言宮掖事，法當死，特貰其罪。五院部民偶遺火，延及木葉山兆域，亦當死，杖而釋之，因著爲法。至於敵八哥始竊薊州王令謙家財，及覺，以刃剌令謙，幸不死。有司擬以盜論，止加杖罪。又那母古犯竊盜者十有三次，皆以情不可恕，論棄市。因詔自今三犯竊盜者，黥額、徒三年；四則黥面、徒五年；至于五則處死。若是者，重輕適宜，足以示訓。近侍劉哥、烏古斯嘗從齊王妻而逃，以赦，後會千齡節出首，乃詔諸近侍、護衛集視而腰斬之。於是國無倖民，綱紀修舉，吏多奉職，人重犯法。故統和中，南京及易、平二州以獄空聞。至開泰五年，諸道皆獄空，有刑錯之風焉。

故事，樞密使非國家重務，未嘗親決，凡獄訟惟夷离畢主之〔四〕。及蕭合卓、蕭朴相繼爲樞密使，專尚吏才，始自聽訟。時人轉相效習，以狡智相高，風俗自此衰矣。故太平六年下詔曰：「朕以國家有契丹、漢人，故以南、北二院分治之，蓋欲去貪枉，除煩擾也；若貴賤異法，則怨必生。夫小民犯罪，必不能動有司以達於朝，惟內族、外戚多恃恩行賄，以圖苟免，如是則法廢矣。自今貴戚以事被告，不以事之大小，並令所在官司案問，具申北、南院覆問得實以聞；其不案輒申，及受請託爲奏言者，以本犯人罪罪之。」七年，詔中外大臣曰：「制條中有遺闕及輕重失中者，其條上之，議增改焉。」

校勘記

〔一〕杖刑自五十至三百　「三百」，原作「二百」，據明鈔本、南監本、北監本、殿本改。

〔二〕海里彊陵拽剌禿里年未及之女　「及」下疑闕「笄」字。

〔三〕斬殿前都點檢耶律夷臘葛　「斬」，原作「監」，據本書卷八景宗紀上保寧元年二月及卷七八耶律夷臘葛傳改。

〔四〕凡獄訟惟夷离畢主之　「夷离畢」，諸本皆作「夷离菫」。按本書卷一一六國語解云：「後置夷离畢院以掌刑政。」今據改。

遼史卷六十二

志第三十一

刑法志下

興宗即位，欽哀皇后始得志，昆弟專權。馮家奴等希欽哀意，誣蕭浞卜等謀反，連及嫡后仁德皇后。浞卜等十餘人與仁德姻援坐罪者四十餘輩，皆被大辟，仍籍其家。幽仁德于上京，既而遣人弒之。迫殞非命，中外切憤。欽哀後謀廢立，遷于慶州。及奉迎以歸，頗復預事，其酷虐不得逞矣。然興宗好名，喜變更，又溺浮屠法，務行小惠，數降赦宥，釋死囚甚衆。

重熙元年，詔職事官公罪聽贖，私罪各從本法；子弟及家人受賕，不知情者，止坐犯人。先是，南京三司銷錢作器皿三斤，持錢出南京十貫，及盜遺火家物五貫者處死；至是，銅逾三斤，持錢及所盜物二十貫以上處死。二年，有司奏：「元年詔曰，犯重罪徒終身者，加以捶楚，而又黥面。是犯一罪而具三刑，宜免黥。其職事官及宰相、節度使世選之家子孫，犯姦罪至徒者，未審黥否？」上諭曰：「犯罪而悔過自新者，亦有可用之人，一黥其面，終身爲辱，朕甚憫焉。」後犯終身徒者，止刺頸。奴婢犯逃，若盜其主物，主無得擅黥其面，刺臂及頸者聽。犯竊盜者，初刺右臂，再刺左，三刺頸之右，四刺左，至于五則處死。五年，新定條制成，詔有司凡朝日執之〔三〕，仍頒行諸道。蓋纂修太祖以來法令，參以古制。其刑有死、流、杖及三等之徒而五，凡五百四十七條。

時有羣牧人竊易官印以馬與人者，法當死，帝曰：「一馬殺二人，不亦甚乎？」減死論。又有兄弟犯彊盜當死，以弟從兄，且俱無子，特原其弟。至於枉法受賕，詐敕走遞，僞學御書，盜外國貢物者，例皆免死。郡王貼不家奴彌里吉告其主言涉怨望，鞫之無驗，當反坐，以欽哀皇后裹言，竟不加罪，亦不斷付其主，僅籍没焉。寧遠軍節度使蕭白彊掠烏古敵烈都詳穩敵魯之女爲妻，亦以后言免死，杖而奪其官。梅里狗丹使酒殺人而逃，會永壽節出首，特赦其罪。皇妹秦國公主生日，帝幸其第，伶人張隋，本宋所遺汋者，大臣覺之以聞。召詰，款伏，乃遽釋之。後詔諸職官私取官物者，以正盜論。諸帳郎君等於禁地射鹿，決杖三百，不徵償；小將軍決二百已下；至百姓犯者決三百。聖宗之風替矣。

道宗清寧元年，詔諸宮都部署曰：「凡有機密事，即可面奏；餘所訴事，以法施行。有投誹訕之書，其受及讀者皆棄市。」二年，命諸郡長吏如諸部例，與僚屬同決罪囚，無致枉死獄中。下詔曰：「先時諸路死刑皆待決于朝，故獄訟留滯；自今凡强盜得實者，聽即決之。」四年，復詔左夷离畢曰：「比詔外路死刑，聽所在官司即決。然恐未能悉其情，或有枉者。自今雖已款伏，仍令附近官司覆問。無冤然後決之，有冤者即具以聞。」咸雍元年，詔獄囚無家者，給以糧。六年，帝以契丹、漢人風俗不同，國法不可異施，於是命惕隱蘇、樞密使乙辛等更定條制。凡合于律令者，具載之；其不合者，別存之。時校定官即重熙舊制，更竊盜贓二十五貫處死一條，增至五十貫處死；又刪其重復者二條，爲五百四十五條；取律一百七十三條，又創增七十一條，凡七百八十九條，增重編者至千餘條。皆分類列。以大康間所定，復以律及條例參校，續增三十六條。其後因事續校，至大安三年止，又增六十七條。條約既繁，典者不能徧習，愚民莫知所避，犯法者衆，吏得因緣爲姦。故五年詔曰：「法者所以示民信，而致國治。簡易如天地，不忒如四時，使民可避而不可犯。比命有司纂修刑法，然不能明體朕意，多作條目，以罔民于罪，朕甚不取。自今復用舊法，餘悉除之。」

然自大康元年，北院樞密使耶律乙辛等用事。宮婢單登等誣告宣懿皇后〔二〕，乙辛以聞，即詔乙辛劾狀，因實其事。上怒，族伶人趙惟一，斬高長命，皆籍其家，仍賜皇后自盡。三年，乙辛又與其黨謀搆昭懷太子，陰令右護衛太保耶律查剌，告知樞密院事蕭速撒等八人謀立皇太子。詔案無狀，出速撒、達不也外補，流護衛撒撥等六人。詔告首謀逆者，重加官賞；否則悉行誅戮。乙辛教牌印郎君蕭訛都斡自首「臣嘗預速撒等謀」，因籍姓名以告。帝信之，以乙辛等鞫案，至杖皇太子，囚之宮中別室，殺撻不也、撒剌等三十五人，又殺速撒等諸子；其幼稚及婦女、奴婢、家產，皆籍没之，或分賜羣臣。燕哥等詐爲太子爰書以聞，上大怒，廢太子，徙上京，乙辛尋遣人弑于囚所。帝猶不寤，朝廷上下，無復紀律。

天祚乾統元年，凡大康三年預乙辛所害者悉復官爵，籍没者出之，流放者還鄉里。至二年，始發乙辛等墓，剖棺戮尸，誅其子孫，餘黨子孫減死，徙邊，其家屬奴婢皆分賜被害之家。如耶律撻不也、蕭達魯古等，黨人之尤兇狡者，皆以賂免。至于覆軍失城者，第免官而已。行軍將軍耶律涅里三人有禁地射鹿之罪，皆棄市。其職官諸局人有過者，鐫降決斷之外，悉從軍。賞罰無章，怨讟日起；劇盜相挻，叛亡接踵。天祚大恐，益務繩以嚴酷，由是投崖、砲擲、釘割、臠殺之刑復興焉。或有分尸五京，甚者至取其心以獻祖廟。雖由天祚救患無策，流爲殘忍，亦由祖宗有以啓之也。

遼之先代，用法尚嚴。使其子孫皆有君人之量，知所自擇，猶非祖宗貽謀之道；不幸一有昏暴者，少引以藉口，何所不至。然遼之季世，與其先代用刑同，而興亡異者何歟？蓋創業之君，施之于法未定之前，民猶未敢測也；亡國之主，施之于法既定之後，民復何所賴焉。此其所爲異也。傳曰：「新國輕典。」豈獨權事宜而已乎？

天祚末年，遊畋無度，頗有倦勤意。諸子惟文妃所生敖盧斡最賢。蕭奉先乃元妃兄，深忌之。會文妃之女兄適耶律撻曷里，女弟適耶律余覩，奉先乃誣告余覩等謀立晉王，尊天祚爲太上皇。遂戮撻曷里及其妻，賜文妃自盡。敖盧斡以不與謀得免。及天祚西狩奉聖州，又以耶律撒八等欲劫立敖盧斡，遂誅撒八，盡其黨與。敖盧斡以有人望，即日賜死。當時從行百官、諸局承應人及軍士聞者，皆流涕。

蓋自興宗時，遽起大獄，仁德皇后戕于幽所，遼政始衰。道宗殺宣懿皇后，遷昭懷太子，太子尋被害。天祚知其父之冤，而己亦幾殆，至是又自殺其子敖盧斡。傳曰：「於所厚者薄，無所不薄矣。」遼二百餘年，骨肉屢相殘滅。天祚荒暴尤甚，遂至于亡。噫！

校勘記

〔一〕詔有司凡朝日執之　「凡」，原作「定」，據明鈔本、南監本、北監本、殿本改。

〔三〕宮婢單登等誣告宣懿皇后　「宮」，原作「官」，據北監本、殿本改。按本書卷七一道宗宣懿皇后蕭氏傳亦作「宮」。